Sopas

Receitas Clássicas e Criativas

Sopas

Receitas Clássicas e Criativas

Manole

1ª edição publicada na Grã-Bretanha em 2004, sob o título *Soups*, pela Hamlyn, um selo da Octopus Publishing Group Ltd, Endeavour House, 189 Shaftesbury Avenue, London WC2H 8JY

Este livro contempla as regras do Acordo Ortográfico da Língua Portuguesa de 1990, que entrou em vigor no Brasil.

Tradução: Elisa Duarte Teixeira
Mestre e Doutora em Estudos Linguísticos e Literários em Inglês – com ênfase em Tradução de Culinária, Linguística de Corpus e Terminologia – pela Universidade de São Paulo
Diagramação e revisão: Depto. editorial da Editora Manole
Capa: © Octopus Publishing Group Limited/Stephen Conroy

1ª edição brasileira – 2011

Direitos em língua portuguesa adquiridos pela:
Editora Manole Ltda.
Av. Ceci, 672 – Tamboré
06460-120 – Barueri, SP – Brasil
Fone: (11) 4196-6000 – Fax: (11) 4196-6021
www.manole.com.br
info@manole.com.br

Impresso na China
Printed in China

Dados Internacionais de Catalogação na Publicação (CIP)
(Câmara Brasileira do Livro, SP, Brasil)

Hamlyn
Sopas : receitas clássicas e criativas / Hamlyn ; [traduzido por Elisa Duarte Teixeira]. -- Barueri, SP : Manole, 2011.

Título original: Soups.
ISBN 978-85-204-3228-0
1. Sopas (Culinária) I. Título.

10-13666 CDD-641.813

Índices para catálogo sistemático:
1. Sopas : Culinária : Economia doméstica
641.813

NOTAS

O forno deve ser preaquecido à temperatura especificada. Siga as instruções de fabricante do seu forno para ajustar o tempo e a temperatura. O grelhador também deve ser preaquecido.

Este livro inclui pratos feitos com diferentes tipos de nozes. É aconselhável que pessoas que já tenham sofrido reações alérgicas a esses alimentos e aquelas que sejam mais vulneráveis a essas alergias, tais como gestantes, mães que estão amamentando, enfermos, idosos, bebês e crianças pequenas, evitem esses pratos. Também é prudente ler os rótulos de ingredientes pré-preparados para verificar a possível existência de derivados de nozes.

Deve-se utilizar ervas frescas, a menos que não sejam pedidas. Se não encontrar, use ervas secas como alternativa, mas na metade da quantidade estabelecida.

Sumário

introdução

Fumegantes, frias ou geladas; leves e saudáveis ou nutritivas e substanciosas; ralas ou cremosas; simples ou requintadas – há sopa de todo tipo. Mas há uma coisa que todos os pratos de sopa têm em comum: são sempre bem-vindos. Não importa se você está à procura de algo para aquecer a alma ou de um alimento saudável, sempre haverá uma sopa que tem o que você está buscando.

breve histórico

As sopas são consumidas há milênios, desde o momento em que o homem passou a fabricar recipientes para cozinhar alimentos. É provável que as primeiras sopas tenham sido um subproduto do cozimento de ingredientes diversos em líquido – como naquela época nada se perdia, a água do cozimento também era ingerida.

Atualmente, cada cultura tem suas próprias sopas – *sup, zuppe, shorba, soup, pho*, para citar apenas algumas. Na Grécia, come-se a *Avgolemono*, feita de ovo e limão; no sudoeste da Ásia, caldos apimentadíssimos e perfumados, bem como sopas cremosas à base de leite de coco, são os mais apreciados. No Marrocos, a sopa nacional é a *Harira* – feita com feijões e lentilhas, é a escolhida para o período de jejum de um mês do Ramadã. Na Rússia, o *Borscht* é servido cremoso ou com os legumes em pedaços, quente ou frio, mas sempre com sua cor vermelho-arroxeada vibrante.

As sopas clássicas estão em constante evolução, reinventando-se cada vez que diferentes culturas e culinárias entram em contato. A sopa *Mulligatawny* foi adotada e adaptada pelos ingleses que viviam na Índia nos tempos da colonização, do mesmo modo que várias sopas vietnamitas sofreram forte influência francesa. Os chefs da modernidade adoram preparar receitas tradicionais, como a sopa *Risi e Bisi* veneziana ou o *Goulash* húngaro, transformando-as em novas e deliciosas receitas.

por onde começar

A sopa é um dos pratos mais fáceis de se fazer, e todas as receitas deste livro são simples em seu preparo e cozimento. Você só precisa de uma tábua de cortar carne, uma faca, uma panela grande para cozinhar e uma colher de pau para mexer. Se a sopa tiver de ser batida, um liquidificador ou um processador de alimentos serão muito úteis. No entanto, muitas sopas cremosas podem ser preparadas usando-se um passador de legumes, e as de textura mais grossa podem ser feitas com um espremedor de batatas ou até mesmo um socador de feijão.

resultados perfeitos

O segredo para uma boa sopa é usar ingredientes de boa qualidade, e o mais importante deles é o caldo. O caldo é a base de quase todas as sopas, sendo o ponto de partida para a criação de outros sabores. Um caldo de má qualidade pode estragar uma sopa, não importa quão deliciosos sejam os demais ingredientes. O melhor é usar caldos frescos feitos em casa (ver receitas nas pp. 8 a 11). No entanto, é possível encontrar bons caldos em supermercados. Caldos em cubos ou em pó são bastante práticos para estocar, mas escolha bem a marca na hora de comprar, pois eles variam muito em qualidade e em sabor.

para ganhar tempo

- Caldos caseiros podem ser congelados, portanto sempre vale a pena ter um pronto para ser usado. Prepare uma grande quantidade de caldo e congele-o em potinhos pequenos, de modo que possa descongelar apenas a quantidade de que precisar.

• Outra boa maneira de ganhar tempo é usar feijões e outros grãos pré-cozidos e enlatados em vez dos secos. Se contiverem sal, enxágue-os bem antes de usar e experimente a sopa antes de salgá-la.
• Ao comprar carne, peixes ou frutos do mar, peça ao açougueiro/peixeiro que os deixe limpos e prontos para serem preparados.

como congelar sopas

Pode ser muito útil dobrar uma receita de sopa e congelar a metade para consumir em outro dia. De modo geral, sopas de legumes, cremosas ou pedaçudas, congelam bem. Caldos delicados que contêm tofu e macarrão, bem como sopas com frutos do mar ou ovos, não são adequados para o congelamento. Ao congelar sopas à base de creme de leite e similares, é melhor fazê-lo antes de acrescentar os derivados de leite – junte-os à sopa depois que ela estiver descongelada e aquecida. Ervas frescas e outros complementos devem ser sempre acrescentados no último minuto, nunca antes do congelamento.

toque final

Quando chega o momento de servir a sopa, a apresentação é tudo. A mesma sopa de legumes pode ser uma refeição reconfortante quando você está doente, um jantar nutritivo numa noite fria ou uma entrada espetacular num jantar entre amigos, dependendo de como é servida. Para levantar o ânimo, sirva-a pura numa cumbuca, bem quentinha; num jantar nutritivo, polvilhe-a com pedacinhos de bacon frito e queijo ralado e sirva-a com pedaços de pão rústico; se a pedida for sofisticação, coloque-a em pratos elegantes e desenhe uma espiral de creme de leite em sua superfície, finalizando com folhas frescas de manjericão.

As sopas podem ser guarnecidas de várias maneiras. A mais simples de todas é com ervas frescas; use as combinações clássicas, como cenoura e coentro, ou espinafre e endro. Temperos secos, como a páprica, também são bons para guarnecer. Decore sopas orientais com cebolinha picada e pimenta vermelha fresca, ou polvilhe sopas ao estilo mediterrâneo com queijo parmesão em lascas. Chalotas fritas e crocantes, legumes bem coloridos fatiados e fritos ou *tortilla chips* são ótimas alternativas para o clássico *croûton*, e colheradas de um molho azedinho ou de um pesto bem cheiroso são opções sensacionais para substituir o toque final de um creme de leite. Quando for escolher a guarnição, siga apenas uma regra: seja criativo e, acima de tudo, divirta-se!

caldo de legumes

rendimento **cerca de 1,8 L**
tempo de preparo **15 min**
tempo de cozimento **2½-3 horas**

1,8 L de água
1 cebola com casca, cortada ao meio
1 dente de alho com casca, cortado ao meio
1 cenoura cortada em pedaços grandes
1 talo de salsão (com as folhas) picado grosseiramente
¼ de rutabaga ou nabo-roxo pequeno, com a casca, picado grosseiramente (opcional)
1 alho-poró (partes branca e verde) picado grosseiramente
1 ramo de salsinha
6 grãos de pimenta-do-reino preta
1 folha de louro
1 *bouquet garni* (amarrado de ervas)
cascas de 1 a 2 batatas lavadas e escovadas
folhas de couve-flor, repolho ou couve-de-bruxelas (opcional)
sal

1 Misture a água com os demais ingredientes em uma panela funda. Leve ao fogo até ferver; depois abaixe o fogo e cozinhe, com a panela tampada, por 2½ a 3 horas. De vez em quando, retire com uma escumadeira a espuma que for subindo à superfície.

2 Resfrie o caldo e então coe, descartando todos os legumes, verduras e ervas que ficarem na peneira. Tampe bem e guarde na geladeira. Use em até 3 a 4 dias. Se congelado, este caldo pode ser conservado por até 4 meses.

caldo de galinha

rendimento **3,6 L**
tempo de preparo **5-8 min**
tempo de cozimento **2½-3 horas**

carcaça de um frango inteiro
3,6 L de água
1 colher (chá) de sal
1 cebola sem casca e com 4 cravos-da-índia espetados
2 talos de salsão picados
2 cenouras cortadas em pedaços grandes
2 ramos de salsinha
1 *bouquet garni* (amarrado de ervas)
1 folha de louro
8 grãos de pimenta-do-reino preta

1 Coloque a carcaça de frango numa panela funda, cubra com a água e junte o sal. Leve ao fogo até ferver, retirando com uma escumadeira a espuma que subir à superfície. Abaixe o fogo e cozinhe com a panela parcialmente tampada por 1 hora.

2 Junte a cebola, o salsão, a cenoura, a salsinha, o *bouquet garni*, o louro e os grãos de pimenta. Mexa e deixe cozinhar em fogo brando, com a panela parcialmente tampada, por mais 1½-2 horas. Junte mais água se os ossos começarem a ficar acima do nível do caldo.

3 Resfrie um pouco. Retire a carcaça do caldo e passe-o por uma peneira fina, descartando todos os legumes e temperos. Remova toda a carne aproveitável da carcaça e junte ao caldo já coado, descartando os ossos.

4 Deixe esfriar e então retire a camada de gordura da superfície usando uma colher ou um papel-toalha. Tampe bem e guarde na geladeira. Use em até 3 dias. Se congelado, este caldo pode ser conservado por até 3 meses.

caldo de peixe

rendimento **1 L**
tempo de preparo **5-8 min**
tempo de cozimento **30-40 min**

500 g de sobras de peixe cru (espinha, cabeça, cauda, pele)
900 mL de água
1 cebola cortada em quatro
2 talos de salsão (com as folhas) picados grosseiramente
1 folha de louro
1 ramo de salsinha
$^1/_4$ colher (chá) de sal
6 grãos de pimenta-do-reino preta
150 mL de vinho branco seco ou sidra

1 Coloque as sobras de peixe numa panela grande e cubra com a água. Junte os demais ingredientes, mexa bem e leve ao fogo até ferver, retirando com uma escumadeira a espuma que subir à superfície. Abaixe o fogo e deixe cozinhar com a panela parcialmente tampada por 30 a 40 minutos.

2 Retire a panela do fogo e passe o caldo por uma peneira, descartando o peixe e os demais ingredientes. Resfrie, tampe bem e guarde na geladeira. Use em até 2 dias. Se congelado, este caldo pode ser conservado por até 2 meses.

dica A cabeça, a cauda e a espinha de peixes de carne branca, como o bacalhau, o hadoque, o linguado, a merluza e a pescada, rendem bons caldos, mas peixes oleosos, como a cavala e o arenque, não são adequados.

caldo de carne

rendimento **3,6 L**
tempo de preparo **15 min**
tempo de cozimento **cerca de 4 horas**

cerca de 1 kg de mocotó de boi
3,6 L de água
1 colher (chá) de sal
1 cebola cortada em quatro
2 talos de salsão (com as folhas) picados grosseiramente
2 cenouras cortadas em pedaços grandes
4 ramos de salsinha
1 *bouquet garni* (amarrado de ervas)
8 grãos de pimenta-do-reino preta

1 Coloque o mocotó numa panela grande. Cubra-o com a água e junte o sal. Leve ao fogo até ferver, retirando com uma escumadeira a espuma que subir à superfície. Abaixe o fogo e cozinhe com a panela parcialmente tampada por 2 horas. Retire a espuma de vez em quando.

2 Junte os demais ingredientes e continue cozinhando lentamente por mais 2 horas. Coloque mais água se o nível do caldo reduzir a ponto de ficar abaixo do mocotó.

3 Espere o caldo esfriar um pouco e passe-o por uma peneira fina, descartando todos os ossos do mocotó, os legumes, as ervas e os temperos. Deixe esfriar e então retire a camada de gordura da superfície usando uma colher ou um papel-toalha. Tampe bem e guarde na geladeira. Use em até 3 dias. Se congelado, este caldo pode ser conservado por até 3 meses.

sopas rápidas e fáceis

Por serem simples, saudáveis e demandarem pouco tempo na cozinha, estas sopas são superpráticas. As receitas deste capítulo são ideais para almoços leves, lanches rápidos ou refeições improvisadas para convidados de última hora.

sopa creme de brócolis com queijo

rendimento **6 porções**
tempo de preparo **20 min**
tempo de cozimento **35-40 min**

1 kg de brócolis
50 g de manteiga
1 cebola picada
1 batata grande, descascada e cortada em quatro
1,5 L de Caldo de legumes (ver p. 8)
125 mL de creme de leite fresco
1 colher (sopa) de suco de limão-siciliano
1 colher (chá) de molho inglês
algumas gotas de molho de pimenta vermelha, a gosto
125 g de queijo cheddar maturado, ralado
sal e pimenta-do-reino
ramos de agrião, para guarnecer

1 Descarte as folhas e a parte mais dura do talo dos brócolis. Separe os floretes, descasque o talo restante e corte em pedaços de 2,5 cm. Quebre os floretes em pedaços bem pequenos e reserve.

2 Derreta a manteiga numa panela grande. Junte a cebola e os talos de brócolis e refogue, em fogo médio, com a panela tampada, por 5 minutos, mexendo com frequência.

3 Junte os floretes reservados, a batata e o caldo de legumes. Espere ferver. Tampe parcialmente a panela e cozinhe por 5 minutos. Tempere a gosto com sal e pimenta-do-reino e continue cozinhando em fogo médio por mais 20 minutos, ou até que todos os legumes estejam macios.

4 Usando um mixer ou liquidificador, bata a sopa até obter um creme liso e transfira para uma panela limpa. Junte o creme de leite, o suco de limão, o molho inglês e o molho de pimenta vermelha. Cozinhe em fogo bem baixo por 3 a 5 minutos. Não deixe a sopa ferver, ou ela irá talhar. Pouco antes de servir, junte o queijo ralado e guarneça cada porção com alguns ramos de agrião.

sopa de pastinaca e erva-doce

rendimento **4-6 porções**
tempo de preparo **10-15 min**
tempo de cozimento **35-40 min**

50 g de manteiga
500 g de pastinaca (se não encontrar, use mandioquinha) cortada em cubinhos de 5 mm
500 g de bulbo de erva-doce, cortado em pedaços pequenos de tamanho uniforme
1 cebola picada
3 colheres (sopa) de amido de milho
1,2 L de Caldo de galinha ou de legumes (ver pp. 8 e 9), aquecido
150 mL de creme de leite em lata, sem o soro
sal e pimenta-do-reino

1 Derreta a manteiga numa panela grande. Junte a pastinaca, a erva-doce e a cebola e refogue, em fogo médio, mexendo constantemente, por 15 minutos, ou até que os legumes estejam macios.

2 Numa tigela pequena, misture o amido de milho com 150 mL do caldo aquecido, mexendo até dissolver bem e engrossar. Junte essa mistura aos legumes e, em seguida, incorpore o restante do caldo, mexendo sem parar.

3 Assim que ferver, abaixe o fogo e deixe cozinhar, com a panela parcialmente tampada, por 20 minutos, mexendo com frequência. Tempere com sal e pimenta-do-reino a gosto, junte o creme de leite e aqueça, sem deixar ferver. Sirva imediatamente em pratos aquecidos.

sopa creme de cenoura e gengibre

rendimento **4 porções**
tempo de preparo **20 min**
tempo de cozimento **25-30 min**

2 colheres (sopa) de azeite de oliva
1 cebola grande picada
1 a 2 dentes de alho amassados
1 colher (sopa) de gengibre fresco ralado bem fino
375 g de cenoura cortada em rodelas
900 mL de Caldo de galinha ou de legumes (ver pp. 8 e 9)
2 colheres (sopa) de suco de limão
sal e pimenta-do-reino

para servir
creme de leite azedo (ver Dica)
2 ramos de cebolinha picada bem fina

1 Numa panela, aqueça o azeite em fogo baixo, junte a cebola, o alho e o gengibre. Refogue por 5 a 6 minutos, ou até que estejam macios.

2 Junte a cenoura e o caldo. Assim que ferver, abaixe o fogo para o mínimo e cozinhe por 15 a 20 minutos, ou até a cenoura ficar macia.

3 Usando um mixer ou liquidificador, bata a sopa com o suco de limão até obter um creme liso. Passe por uma peneira e leve novamente ao fogo para aquecer. Tempere a gosto com sal e pimenta-do-reino. Sirva o creme com uma colherada de creme de leite azedo e polvilhado com a cebolinha.

dica O creme de leite azedo é uma mistura de creme de leite e cultura de bactérias, de consistência espessa e sabor levemente ácido. Se não encontrar, substitua por coalhada seca ou prepare-o em casa: junte 1 colher (sopa) de suco de limão para cada 150 mL de creme de leite. Mexa bem e deixe descansar até engrossar.

sopa de batata com salsinha

rendimento **4 porções**
tempo de preparo **10 min**
tempo de cozimento **20 min**

1,5 L de Caldo de carne (ver p. 11)
4 batatas raladas no ralo grosso
1 gema crua
1 gema cozida e amassada
50 mL de creme de leite fresco
50 g de queijo parmesão ralado
1 colher (sopa) de salsinha bem picada
sal e pimenta-do-reino
125 g de *croûtons*, para servir (ver Dica)

1 Coloque o caldo numa panela e aqueça até ferver. Salpique as batatas com sal e pimenta-do-reino a gosto e coloque-as no caldo fervente. Cozinhe por cerca de 15 minutos, mexendo de vez em quando.

2 Bata a gema crua numa sopeira e junte a gema cozida e amassada. Acrescente o creme de leite, o parmesão e a salsinha, misturando bem com um batedor de arame.

3 Com cuidado, junte 250 mL do caldo (1 xícara) à mistura de gemas. Se necessário, reaqueça o restante do caldo com as batatas e junte-o aos poucos à mistura na sopeira. Polvilhe com *croûtons* e sirva em cumbucas previamente aquecidas.

dica Para fazer *croûtons*, tire a casca de duas fatias de pão branco e corte o miolo em cubos. Aqueça 1 colher (sopa) de óleo numa frigideira de fundo grosso e frite os cubinhos de pão, mexendo sem parar, por 1 a 2 minutos ou até que fiquem dourados e crocantes.

sopa creme de abobrinha com hortelã

rendimento **4 porções**
tempo de preparo **20 min**
tempo de cozimento **20-25 min**

50 g de manteiga
1 cebola pequena picada
1 a 2 dentes de alho amassados
750 g de abobrinha italiana em cubos
raspas bem finas de 1 limão-siciliano
600 mL de Caldo de galinha ou de legumes (ver pp. 8 e 9), ou água
2 a 3 colheres (sopa) de hortelã fresca picada
2 gemas
100 mL de creme de leite em lata, sem o soro
sal e pimenta-do-reino
creme de leite fresco, para guarnecer

1 Numa panela, derreta a manteiga em fogo baixo, junte a cebola e o alho e refogue por 5 a 6 minutos, ou até que estejam macios. Acrescente a abobrinha e as raspas de limão e refogue por 5 a 10 minutos, até amaciar. Junte o caldo ou a água e a hortelã. Assim que ferver, reduza a chama para o mínimo e cozinhe por 5 minutos.

2 Usando um mixer ou liquidificador, bata a sopa até obter um creme liso. Em seguida, passe-a por uma peneira.

3 Imediatamente antes de servir, reaqueça a sopa até quase ferver. Misture as gemas e o creme de leite sem soro numa tigelinha e, usando um batedor de arame, incorpore uma concha da sopa quente à mistura. Junte essa mistura ao restante da sopa, mexendo bem com o batedor. Não deixe ferver, ou a sopa vai talhar. Tempere a gosto com sal e pimenta-do-reino e sirva em pratos previamente aquecidos. Rabisque a superfície com um fio de creme de leite fresco antes de servir.

sopa creme de ervilha, alface e limão com croûtons de gergelim

rendimento **4 porções**
tempo de preparo **10 min**
tempo de cozimento **20 min**

25 g de manteiga
1 cebola grande bem picada
425 g de ervilha congelada
2 pés de alface-romana pequenos, picados grosseiramente
1 L de Caldo de legumes ou de galinha (ver pp. 8 e 9)
raspas e suco de ½ limão-siciliano
sal e pimenta-do-reino

croûtons de gergelim
2 fatias grossas de pão em cubos
1 colher (sopa) de azeite de oliva
1 colher (sopa) de sementes de gergelim

1 Para preparar os *croûtons* de gergelim, pincele os cubos de pão com o azeite e coloque numa assadeira. Polvilhe com as sementes de gergelim e leve ao forno preaquecido a 200°C por 10 a 15 minutos, ou até que estejam dourados.

2 Enquanto isso, aqueça a manteiga numa panela grande, junte a cebola e refogue por 5 minutos, ou até que comece a amolecer. Junte a ervilha, a alface, o caldo, as raspas e o suco de limão e os temperos. Aqueça até ferver, então abaixe o fogo para o mínimo, tampe a panela e cozinhe por 10 a 15 minutos.

3 Espere a sopa esfriar ligeiramente, bata no liquidificador ou use um mixer até obter um creme liso. Coloque a sopa de volta na panela, corrija o tempero, se necessário, e aqueça bem. Sirva o creme em tigelinhas previamente aquecidas, polvilhado com os *croûtons* de gergelim.

sopa de espinafre e brócolis

rendimento **4 porções**
tempo de preparo **10 min**
tempo de cozimento **20 min**

2 colheres (sopa) de azeite de oliva
50 g de manteiga
1 cebola cortada em cubos
1 dente de alho picadinho
2 batatas cortadas em cubos
250 g de brócolis picado
300 g de espinafre picado
900 mL de Caldo de legumes ou de galinha (ver pp. 8 e 9)
125 g de queijo gorgonzola esmigalhado
suco de 1/2 limão-siciliano
1/2 colher (chá) de noz-moscada em pó
sal e pimenta-do-reino
75 g de *pinoli* tostado, para guarnecer
pão rústico aquecido, para servir

1 Aqueça o azeite e a manteiga numa panela, junte a cebola e o alho e refogue por 3 minutos. Junte a batata, os brócolis, o espinafre e o caldo. Assim que ferver, abaixe o fogo para o mínimo e cozinhe por 15 minutos.

2 Junte à sopa o gorgonzola, o suco de limão, a noz-moscada, sal e pimenta-do-reino a gosto. Coloque em pratos fundos previamente aquecidos, salpique com o *pinoli* e sirva com o pão quentinho. Uma alternativa consiste em obter uma consistência cremosa; para isso, bata a sopa no liquidificador ou usando um mixer e, em seguida, sirva-a do mesmo modo, porém em tigelinhas.

sopa creme de agrião com ovo de codorna poché

rendimento **4 porções**
tempo de preparo **5 min**
tempo de cozimento **20-25 min**

50 g de manteiga
1 cebola picadinha
250 g de batata cortada em cubos de 1 cm
300 g de agrião picado grosseiramente
900 mL de Caldo de legumes ou de galinha (ver pp. 8 e 9)
300 mL de creme de leite fresco
12 ovos de codorna
sal e pimenta-do-reino
50 g de queijo parmesão ralado, para servir

1 Derreta a manteiga numa panela grande, junte a cebola e refogue em fogo brando, sem deixar dourar, por 8 a 10 minutos, ou até que esteja bem macia. Acrescente a batata e o agrião, tampe a panela e refogue por mais 3 a 5 minutos, mexendo uma ou duas vezes, só até o agrião murchar.

2 Junte o caldo e tempere com sal e pimenta-do-reino. Espere ferver, abaixe o fogo para o mínimo e cozinhe por 6 a 8 minutos, ou até que a batata esteja cozida.

3 Bata a sopa no liquidificador ou usando um mixer até obter um creme liso. Passe por uma peneira e leve novamente ao fogo. Junte o creme de leite, corrija o tempero e aqueça bem, sem deixar ferver.

4 Numa outra panela, aqueça água sem deixar ferver e prepare os ovos de codorna poché. Retire os ovos já cozidos com uma escumadeira e escorra bem em papel-toalha. Coloque 3 ovos em cada prato. Despeje a sopa por cima e sirva polvilhada com o parmesão ralado.

avgolemono

rendimento **4-6 porções**
tempo de preparo **cerca de 10 min**
tempo de cozimento **25 min**

1,5 L de Caldo de legumes ou de galinha (ver pp. 8 e 9)
50 g de arroz agulhinha branco
2 ovos
2 a 3 colheres (sopa) de suco de limão-siciliano
sal e pimenta-do-reino
1 colher (sopa) de salsinha picada, para guarnecer (opcional)

1 Numa panela, misture o caldo com ½ colher (chá) de sal e o arroz. Leve ao fogo e, assim que ferver, mexa, abaixe o fogo para o mínimo, tampe a panela parcialmente e cozinhe por 20 minutos. Mexa mais uma vez.

2 Bata os ovos numa tigelinha e incorpore aos poucos o limão, batendo bem. Junte uma concha de caldo, bata bem, junte mais uma concha e bata novamente.

3 Aumente a chama até que o restante do caldo e o arroz comecem a ferver. Retire brevemente a panela do fogo e acrescente a mistura de ovos e limão. Mexa bem, abaixe o fogo e cozinhe por mais 2 minutos. Tempere com sal e pimenta-do-reino a gosto. Polvilhe com a salsinha, se desejar. Sirva imediatamente em pratos aquecidos.

sopa de siri

rendimento **4-6 porções**
tempo de preparo **10 min**
tempo de cozimento **cerca de 20 min**

1 L de Caldo de galinha (ver p. 9)
um pedaço de 2,5 cm de gengibre fresco, descascado e bem picado
2 tomates maduros, sem pele e sem sementes, picadinhos
1/2 pimenta pequena, vermelha ou verde, sem sementes e bem picada
2 colheres (sopa) de saquê ou xerez seco
1 colher (sopa) de vinagre de arroz, de vinho branco ou de maçã
1/2 colher (chá) de açúcar
1 colher (sopa) de amido de milho
cerca de 150 g de carne de siri descongelada e escorrida
sal e pimenta-do-reino
2 ramos de cebolinha, cortados bem fino no sentido do comprimento, para guarnecer

1 Numa panela grande, coloque o caldo, o gengibre, o tomate, a pimenta, o saquê, o vinagre e o açúcar. Leve ao fogo. Assim que ferver, tampe a panela, abaixe o fogo e cozinhe por cerca de 10 minutos, para harmonizar e suavizar os sabores.

2 Dissolva o amido de milho num pouco de água fria, junte à sopa e mexa bem. Cozinhe em fogo brando, mexendo sempre, por 1 a 2 minutos, ou até a sopa engrossar.

3 Junte a carne de siri, mexa delicadamente e aqueça por mais 2 a 3 minutos. Experimente e acrescente sal e pimenta-do-reino, se necessário. Sirva a sopa bem quente em tigelas previamente aquecidas, polvilhada com a cebolinha.

dica A carne de siri congelada é prática e pode ser encontrada nos grandes supermercados. Outra opção é comprá-la fresca; neste caso, peça ao peixeiro que tire a carne da carcaça.

sopa de frango com leite de coco

rendimento **4 porções**
tempo de preparo **6 min**
tempo de cozimento **10 min**

300 mL de Caldo de galinha (ver p. 9)
3 folhas de limão *kaffir* rasgadas
½ talo de erva-cidreira cortado em fatias oblíquas
um pedaço de 2,5 cm de galanga fresca (se não encontrar, use gengibre fresco), sem a pele, em fatias bem finas
100 mL de leite de coco
4 colheres (sopa) de *nam pla* (molho de peixe)
1 colher (chá) de açúcar de palma ou açúcar mascavo claro
3 colheres (sopa) de suco de limão Taiti
125 g de frango sem pele cortado em bocados
2 colheres (sopa) de óleo de pimenta forte, ou 2 pimentas pequenas, em rodelas finas (opcional)

1 Aqueça o caldo numa panela, junte as folhas de limão *kaffir*, a erva-cidreira e a galanga. Quando ferver, junte o leite de coco, o molho de peixe, o açúcar e o suco de limão e mexa bem.

2 Junte o frango e cozinhe em fogo brando por 5 minutos.

3 Imediatamente antes de servir, junte o óleo de pimenta ou a pimenta fresca, se preferir. Mexa mais uma vez e sirva em tigelas previamente aquecidas.

sopa de bolinhas de porco com tofu

rendimento **4 porções**
tempo de preparo **10 min**
tempo de cozimento **12-13 min**

600 mL de Caldo de galinha (ver p. 9)
1 dente de alho picadinho
4 dentes de alho cortados ao meio
½ colher (chá) de pimenta-do-reino
8 raízes de coentro fresco
200 g de tofu macio, cortado em fatias de 2,5 cm
1 folha de alga para sushi (nori) cortada em tirinhas
2 colheres (sopa) de molho de soja light
folhas de coentro fresco, para guarnecer

bolinhas de porco

70 g de carne de porco moída
1 colher (sopa) de molho de soja light
½ colher (chá) de pimenta-do-reino

1 Em uma panela, aqueça o caldo com o alho picado, os dentes de alho cortados ao meio, a pimenta e a raiz de coentro. Enquanto aguarda o caldo aquecer, prepare as bolinhas de porco.

2 Misture a carne de porco com o molho de soja e a pimenta-do-reino e forme bolinhas. Coloque-as no caldo aquecido e cozinhe em fogo brando por 6 a 7 minutos.

3 Junte o tofu, a alga e o molho de soja, mexa por 30 segundos e sirva a sopa em tigelas previamente aquecidas, decorada com folhas de coentro.

sopa de camarão e erva-cidreira

rendimento **4 porções**
tempo de preparo **25 min**
tempo de cozimento **20 min**

375 g de camarão fresco
3 talos de erva-cidreira cortados em pedaços de 2,5 cm
1,2 L de água
1 tomate cortado em quatro, sem sementes
475 g de cogumelo-palha em conserva, escorrido
6 folhas de limão *kaffir*
1 ramo de cebolinha picado
185 g de broto de feijão
suco de 3 limões Taiti
2 pimentas vermelhas pequenas, frescas e bem picadas
4 colheres (sopa) de *nam pla* (molho de peixe)
sal e pimenta-do-reino
folhas de coentro fresco, para guarnecer

1 Descasque e limpe os camarões, reservando as cascas. Separe a parte inferior (mais branca) dos talos de erva-cidreira, reservando a parte mais verde. Macete os talos num pilão ou usando um martelo de carne.

2 Aqueça a água numa panela e junte as cascas dos camarões e a parte mais verde dos talos de erva-cidreira. Aqueça em fogo baixo até ferver, coe e leve o caldo novamente ao fogo. Junte a parte branca da erva-cidreira, o tomate, os cogumelos e as folhas de limão *kaffir*. Aqueça até ferver, então abaixe o fogo para o mínimo e cozinhe por 3 e 4 minutos.

3 Junte os camarões e, assim que eles mudarem de cor, acrescente a cebolinha, o broto de feijão, o suco de limão, as pimentas e o molho de peixe. Tempere a gosto com sal e pimenta-do-reino e mexa bem.

4 Sirva a sopa em tigelinhas individuais previamente aquecidas, polvilhada com folhas de coentro.

sopas clássicas

Todo mundo tem uma sopa favorita, e com estas receitas você vai poder prepará-las sem ter muito trabalho - da cremosa *Vichyssoise* ao substancioso *Minestrone*, da picante *Mulligatawny* ao requintado *Bisque de camarão*.

sopa de tomate com croûtons

rendimento **4 porções**
tempo de preparo **10 min**
tempo de cozimento **40 min**

4 colheres (sopa) de azeite de oliva
1 cebola picada
3 dentes de alho amassados
750 g de tomate, sem pele, picado
1 L de Caldo de legumes ou de galinha (ver pp. 8 e 9)
sal e pimenta-do-reino
croûtons, para servir (ver p. 18)
algumas folhas de manjericão fresco picado, para guarnecer

1 Aqueça o azeite numa panela grande, junte a cebola e o alho e refogue em fogo baixo por 4 a 6 minutos, ou até dourar ligeiramente. Junte o tomate e refogue por 5 minutos. Depois adicione o caldo, mexendo. Tempere com sal e pimenta-do-reino a gosto e deixe cozinhar em fogo brando por 30 minutos.

2 Enquanto isso, prepare os *croûtons*.

3 Coloque a sopa em pratos previamente aquecidos, salpique com os *croûtons* e o manjericão e sirva em seguida.

sopa creme de abóbora

rendimento **6 porções**
tempo de preparo **cerca de 10 min**
tempo de cozimento **40-45 min**

50 g de manteiga
750 g de abóbora descascada, sem sementes, cortada em pedaços grandes
150 mL de água quente
1/4 de colher (chá) de noz-moscada em pó
uma pitada de tomilho seco
1,5 L de leite
50 g de arroz agulhinha branco
sal e pimenta-do-reino
croûtons, para guarnecer (ver p. 18)

1 Derreta a manteiga numa panela grande. Junte a abóbora, mexa bem e refogue em fogo baixo ou médio por 10 minutos. Adicione a água quente, a noz-moscada, o tomilho, sal e pimenta-do-reino a gosto. Tampe e cozinhe em fogo alto até a abóbora ficar macia.

2 Usando um mixer ou liquidificador, bata a sopa com um pouco do leite, se necessário, até obter um creme liso. Transfira para uma panela limpa.

3 Incorpore o restante do leite e o arroz ao purê de abóbora. Misture bem e cozinhe, com a panela tampada e mexendo de vez em quando, por mais 30 minutos, ou até que o arroz esteja no ponto. Sirva o creme de abóbora em tigelas previamente aquecidas, guarnecida com *croûtons*.

sopa de pimentão assado com creme de pimenta-do-reino

rendimento **4 porções**
tempo de preparo **20 min**
tempo de cozimento **cerca de 1 hora**

6 pimentões vermelhos ou amarelos grandes
4 talos de alho-poró (somente a parte branca e a verde-clara) em rodelas finas
3 colheres (sopa) de azeite de oliva
750 mL de Caldo de legumes ou de galinha (ver pp. 8 e 9)
2 colheres (chá) de grãos de pimenta-do-reino preta
75 mL de queijo mascarpone
75 mL de leite
sal e pimenta-do-reino
torradas de pão rústico, para servir

1 Coloque os pimentões numa assadeira grande e leve ao forno preaquecido a 240°C por 20 a 30 minutos, ou até começarem a ficar chamuscados. Vire-os uma vez na metade do tempo de cozimento. Retire do forno, coloque dentro de um saco plástico resistente e feche bem. Deixe descansar por 10 minutos para que liberem o vapor.

2 Deixe o alho-poró fatiado de molho numa bacia com água fria por 5 minutos. Depois, afunde o alho-poró na água algumas vezes para soltar a terra incrustada, escorra e enxágue bem.

3 Tire os pimentões do saco plástico e retire sua pele, descartando também o cabinho – em geral as sementes saem junto com ele. Corte cada pimentão ao meio, retire quaisquer sementes e filamentos restantes e pique-os grosseiramente.

4 Aqueça o azeite numa panela grande, junte o alho-poró e refogue em fogo baixo por 10 minutos até amaciar, mas sem dourar. Junte o pimentão, o caldo e um pouco de sal e pimenta-do-reino. Assim que ferver, abaixe o fogo e cozinhe por 20 minutos.

5 Amasse ou moa os grãos de pimenta-do-reino o máximo possível. Bata o mascarpone com o leite e a pimenta. Tempere com sal, tampe e leve à geladeira até o momento de usar.

6 Usando um mixer ou liquidificador, bata a sopa até obter um creme liso. Passe-a por uma peneira apoiada sobre uma panela limpa. Aqueça-a novamente, experimente e corrija os temperos, se necessário. Sirva a sopa em tigelas previamente aquecidas, guarnecida com colheradas do creme de pimenta-do-reino e acompanhada das torradas.

vichyssoise

rendimento **6 porções**
tempo de preparo **15 min** (mais o tempo de gelar)
tempo de cozimento **35-40 min**

50 g de manteiga
1 kg de talo de alho-poró (somente a parte branca) em rodelas finas
1 cebola picada
1 L de Caldo de legumes ou de galinha (ver pp. 8 e 9)
uma pitada de noz-moscada em pó
750 g de batata velha em cubos
600 mL de leite
300 mL de creme de leite fresco
150 mL de creme de leite em lata, gelado, sem o soro
sal e pimenta-do-reino branca
2 colheres (sopa) de cebolinha-francesa fresca bem picada, para guarnecer

1 Derreta a manteiga numa panela. Junte o alho-poró e a cebola e refogue em fogo médio por 5 minutos, mexendo sempre. Não deixe os legumes dourarem.

2 Adicione o caldo, a noz-moscada, a batata, sal e pimenta-do-reino a gosto. Assim que ferver, abaixe o fogo e cozinhe, com a panela parcialmente tampada, por 25 minutos. Junte o leite e cozinhe por mais 5 a 8 minutos. Espere esfriar um pouco.

3 Usando um mixer ou liquidificador, bata a sopa até obter um creme liso. Depois, passe-a por uma peneira apoiada sobre uma tigela. Junte o creme de leite fresco, misture bem e tampe, vedando completamente. Leve à geladeira por, no mínimo, 3 horas.

4 Pouco antes de servir, incorpore delicadamente o creme de leite sem soro e coloque mais sal e pimenta-do-reino, se necessário. Sirva o creme em tigelas geladas, polvilhado com bastante cebolinha-francesa picada.

sopa creme de alho-poró e batata

rendimento **4-6 porções**
tempo de preparo **15 min**
tempo de cozimento **40 min**

25 g de manteiga
2 talos de alho-poró grandes em rodelas finas
250 g de batata cortada em pedaços grandes
1 cebola grosseiramente picada
750 mL de Caldo de galinha ou de legumes (ver pp. 8 e 9), ou água
300 mL de leite
sal e pimenta-do-reino
1 colher (sopa) de cebolinha-francesa bem picada, para guarnecer

1 Derreta a manteiga numa panela grande, junte o alho-poró, a batata e a cebola e mexa bem para que tudo fique coberto de manteiga. Tampe com um círculo de papel-manteiga, colocando-o diretamente sobre os legumes. Cozinhe em fogo bem baixo por cerca de 15 minutos, ou até que os legumes comecem a ficar macios, mexendo de vez em quando para que não dourem.

2 Retire o papel-manteiga, junte o caldo e o leite, e tempere a gosto com sal e pimenta-do-reino. Assim que ferver, abaixe o fogo para o mínimo e cozinhe por 20 minutos, ou até que os legumes estejam bem macios.

3 Usando um mixer ou liquidificador, bata a sopa até obter um creme liso. Transfira para uma panela limpa.

4 Corrija o tempero, se necessário, e aqueça bem. Sirva o creme em tigelas previamente aquecidas, guarnecido com a cebolinha.

sopa de cogumelos com bacon crocante

rendimento **4-6 porções**
tempo de preparo **15 min**
tempo de cozimento **25-30 min**

50 g de manteiga
1 cebola bem picada
1 dente de alho picadinho
375 g de cogumelos frescos em fatias finas
2 colheres (sopa) de farinha de trigo
600 mL de Caldo de galinha (ver p. 9)
150 mL de leite
1 colher (sopa) de xerez Manzanilla (opcional)
150 mL de creme de leite fresco
4 fatias de bacon sem o couro, frito até ficar crocante, e esmigalhado
sal e pimenta-do-reino
ramos de cerefólio, para guarnecer

1 Derreta a manteiga numa panela grande, junte a cebola, o alho e os cogumelos, refogue até que comecem a amolecer e a dourar. Polvilhe com a farinha e misture bem. Junte aos poucos o caldo e o leite, mexendo bem com um batedor de arame. Assim que ferver, abaixe o fogo para o mínimo e cozinhe por cerca de 15 a 20 minutos.

2 Tempere com sal e pimenta-do-reino a gosto, junte o xerez, se for usar, e metade do creme de leite. Aqueça a sopa sem deixar ferver e coloque em tigelas previamente aquecidas. Bata o creme de leite restante até engrossar ligeiramente e coloque uma colherada dele no centro de cada tigela. Polvilhe com o bacon esmigalhado e decore com ramos de cerefólio.

dica Uma mistura de cogumelos comuns e exóticos dá um sabor muito especial à sopa. Para obter uma textura cremosa, bata a sopa no liquidificador antes de juntar o creme de leite.

sopa francesa de cebola

rendimento **6 porções**
tempo de preparo **10 min**
tempo de cozimento **cerca de 35 min**

50 g de manteiga
500 g de cebola amarela, em rodelas não muito finas
25 g de farinha de trigo
1,2 L de Caldo de legumes ou de carne (ver pp. 8 e 11)
1 colher (sopa) de conhaque (opcional)
1/2 colher (chá) de molho de mostarda Dijon
sal e pimenta-do-reino

para guarnecer
6 fatias de baguete
75 g de queijo *gruyère* ralado
salsinha bem picada

1 Derreta a manteiga numa panela grande, junte a cebola e refogue em fogo médio, mexendo sempre, até que ela esteja macia e bem dourada. Polvilhe com a farinha e mexa por 1 minuto, depois, junte aos poucos o caldo. Mexa até começar a ferver, tempere com sal e pimenta-do-reino a gosto.

2 Abaixe o fogo para o mínimo e cozinhe por 20 a 25 minutos. Adicione o conhaque, se for usar, e o molho de mostarda. Mantenha a sopa aquecida.

3 Torre as fatias de pão até dourarem ligeiramente e polvilhe-as com o queijo *gruyère*. Despeje a sopa em tigelas refratárias e coloque, delicadamente, uma fatia de pão na superfície de cada uma delas. Coloque as tigelas sob o grelhador do forno ou leve ao forno elétrico, até que o queijo derreta e comece a borbulhar. Polvilhe com salsinha e sirva imediatamente.

sopa de ervilha com bacon

rendimento **6 porções**
tempo de preparo **10 min** (mais o tempo de molho)
tempo de cozimento **1¼ hora**

250 g de ervilha seca partida, deixada de molho em água fria por 4 a 6 horas
50 g de manteiga
1 cebola grande picada grosseiramente
1 cenoura grande cortada em pedaços grandes
4 fatias grossas de bacon (cerca de 175 g), sem o couro e em cubinhos
1 folha pequena de louro
1 osso de pernil assado
1,2 L de água
2 colheres (sopa) de cebolinha-francesa bem picada
sal e pimenta-do-reino

1 Escorra a ervilha que ficou de molho, descartando a água.

2 Derreta a manteiga numa panela, junte a cebola, a cenoura e dois terços do bacon, e refogue em fogo brando, por cerca de 15 minutos, ou até amaciar. Junte a ervilha escorrida, a folha de louro, o osso de pernil e a água na quantidade indicada. Espere ferver, abaixe o fogo para o mínimo e cozinhe por 1 hora.

3 Retire do fogo e descarte o osso de pernil. Tempere com sal e pimenta-do-reino a gosto. Leve a panela ao fogo novamente. Frite o bacon restante numa frigideira até que fique crocante e acrescente-o à sopa, junto com metade da cebolinha. Sirva-a em tigelas previamente aquecidas, decorada com a cebolinha restante.

sopa de lentilha com bacon

rendimento **6-8 porções**
tempo de preparo **15-20 min**
tempo de cozimento **1¼ hora**

25 g de manteiga
125 g de bacon defumado magro, sem o couro e bem picado
1 dente de alho bem picado
1 cebola bem picada
425 g de lentilha seca, lavada e escorrida
1 talo de salsão fatiado
1 cenoura grande cortada em cubos
1 ramo de salsinha
1 ramo de tomilho, ou ¼ de colher (chá) de tomilho seco
1 folha de louro
1,2 L de Caldo de galinha (ver p. 9)
900 mL de água
1 rodela de limão-siciliano
sal e pimenta-do-reino

1 Derreta a manteiga numa panela grande. Junte o bacon, o alho e a cebola, e refogue em fogo médio por 5 minutos, mexendo sempre.

2 Abaixe o fogo e junte a lentilha, o salsão, a cenoura, a salsinha, o tomilho e o louro. Adicione o caldo e a água e aqueça até ferver, retirando a espuma que subir à superfície com uma escumadeira. Acrescente a rodela de limão.

3 Abaixe o fogo para o mínimo, tampe a panela e cozinhe por 55 a 60 minutos, mexendo de vez em quando. Se a sopa ficar muito espessa, coloque um pouco mais de água. Com cuidado, retire e descarte os ramos de salsinha e tomilho, o louro e a rodela de limão. Tempere com sal e pimenta-do-reino, se necessário.

4 Usando um mixer ou liquidificador, bata 600 mL da sopa até obter um creme liso. Coloque de volta na panela, mexa bem e cozinhe em fogo médio por 5 minutos. Sirva em tigelas aquecidas.

sopa de peru com legumes

rendimento **8 porções**
tempo de preparo **25 min**
tempo de cozimento **cerca de 2 horas**

1 coxa de peru grande (cerca de 750 g)
2,4 L de água
1 cebola pequena, com casca e 4 cravos-da-índia espetados
1 cebola grande, sem casca, picada
2 ramos de salsinha
1 *bouquet garni* (amarrado de ervas)
1 colher (chá) de sal
1 ramo de tomilho, ou 1/4 de colher (chá) de tomilho seco
1 ramo de manjerona, ou 1/2 de colher (chá) de manjerona seca
3 cenouras picadas
2 talos de salsão fatiados
250 g de lentilha vermelha, lavada e escorrida
250 g de batata descascada e cortada em cubos de 1 cm
3 talos de alho-poró fatiados
3 nabos descascados e cortados em cubos de 1 cm
2 colheres (sopa) de molho de soja light
pimenta-do-reino
3 a 4 colheres (sopa) de salsinha fresca bem picada, para guarnecer

1 Coloque a coxa de peru numa panela grande. Junte a água, a cebola com os cravos-da-índia, o ramo de salsinha, o *bouquet garni*, o sal, o tomilho e a manjerona. Leve ao fogo. Assim que ferver, abaixe o fogo e cozinhe, com a panela parcialmente tampada, por 45 minutos.

2 Acrescente a cebola picada, a cenoura e o salsão. Cozinhe por mais 30 minutos, em fogo baixo ou médio. Depois, junte a lentilha, a batata, o alho-poró e o nabo. Continue cozinhando até que todos os ingredientes estejam macios. Retire a coxa de peru da panela e deixe esfriar. Descarte o *bouquet garni*, a cebola com os cravos-da-índia e todas as ervas frescas ou secas.

3 Retire a carne da coxa de peru, descartando a pele e o osso. Tenha cuidado para que não fique nenhum osso menor. Desfie bem a carne e coloque-a de volta na panela. Junte o molho de soja e a pimenta-do-reino a gosto. Aqueça bem e sirva numa sopeira, com a salsinha polvilhada por cima.

sopa cremosa de frango

rendimento **6 porções**
tempo de preparo **15 min**
tempo de cozimento **1 ¼ hora**

1 carcaça de frango
1 cebola
1 *bouquet garni* (amarrado de ervas)
1 L de Caldo de galinha (ver p. 9)
125 g de carne de frango cozida
300 mL de leite
50 g de farinha de trigo
2 colheres (sopa) de água
1 colher (sopa) de suco de limão-siciliano
¼ de colher (chá) de noz-moscada em pó
sal e pimenta-do-reino

para guarnecer
croûtons (ver p. 18)
ramos de salsinha
noz-moscada em pó

para servir
150 mL de creme de leite fresco
limão-siciliano cortado em cunhas

1 Coloque a carcaça de frango, a cebola e o *bouquet garni* em uma panela junto com o caldo. Cozinhe em fogo bem baixo por cerca de 1 hora. Passe por uma peneira e leve de volta à panela.

2 Corte o frango cozido em cubos de tamanho uniforme e junte-o ao caldo. Acrescente o leite. Misture bem a farinha com a água na quantidade indicada e junte-a aos poucos ao caldo da panela, mexendo sem parar. Assim que ferver, abaixe o fogo para o mínimo e cozinhe por 10 minutos. Tempere a sopa com o suco de limão, a noz-moscada, sal e pimenta-do-reino a gosto.

3 Despeje a sopa em tigelas previamente aquecidas, rabisque a superfície com um pouco de creme de leite fresco e decore com os *croûtons*, os ramos de salsinha e uma pitada de noz-moscada. Sirva acompanhada das cunhas de limão.

minestrone

rendimento **8-10 porções**
tempo de preparo **cerca de 30 min**
(mais o tempo de molho)
tempo de cozimento **cerca de $2^3/_4$ horas**

250 g de feijão-branco, deixado de molho em água fria de um dia para o outro
3 colheres (sopa) de azeite de oliva
2 cebolas bem picadas
2 dentes de alho picadinhos
2 fatias de bacon sem o couro e picadinho
6 tomates sem pele e picados
1,8 L de água
600 mL de Caldo de carne (ver p. 11)
1 abobrinha italiana em cubos
1 colher (sopa) de manjerona fresca picada ou 1 colher (chá) de manjerona seca
1 colher (chá) de tomilho fresco picado ou $^1/_2$ colher (chá) de tomilho seco
2 colheres (sopa) de extrato de tomate
2 cenouras em cubinhos
2 talos de salsão, em fatias finas
$^1/_2$ repolho-crespo verde em tiras bem finas
250 g de ervilha fresca ou congelada
50 g de espaguete seco quebradinho, ou outro macarrão para sopa
1 colher (sopa) de salsinha picada
150 g de queijo parmesão ralado
sal e pimenta-do-reino

1 Escorra bem o feijão numa peneira, enxágue-o em água corrente e escorra-o novamente.

2 Aqueça o azeite numa panela grande, junte a cebola, o alho e o bacon, refogue em fogo médio até que o bacon esteja crocante e a cebola transparente, mas não dourada.

3 Junte o tomate, a água e o caldo. Em seguida, adicione a abobrinha, o feijão, a manjerona, o tomilho e o extrato de tomate. Aqueça até ferver, retirando com uma escumadeira a espuma que subir à superfície. Abaixe o fogo para o mínimo, tampe a panela e cozinhe por cerca de 2 horas, ou até o feijão ficar macio.

4 Junte a cenoura e o salsão, e cozinhe em fogo médio por mais 15 minutos. Depois, junte o repolho, a ervilha e o macarrão. Cozinhe por mais 15 a 18 minutos, ou até que o macarrão e os legumes fiquem macios.

5 Coloque um pouco mais de água se a sopa estiver muito espessa. Acrescente a salsinha, tempere a gosto com sal e pimenta-do-reino e junte 50 g do parmesão ralado. Sirva imediatamente em tigelas aquecidas, com o restante do queijo parmesão num recipiente à parte.

mulligatawny

rendimento **6-8 porções**
tempo de preparo **15-20 min**
tempo de cozimento **30-35 min**

1 cebola picada
2 dentes de alho picados
um pedaço de 2,5 cm de gengibre fresco, descascado e picado
1/4 de colher (chá) de pimenta caiena
1 colher (chá) de semente de coentro em pó
1/2 colher (chá) de cominho em pó
1 colher (chá) de cúrcuma em pó
4 colheres (chá) de óleo
3 peitos de frango sem osso e sem pele, cortados ao meio
1,2 L de água
1,2 L de Caldo de galinha (ver p. 9)
50 g de arroz agulhinha branco
125 g de lentilha vermelha
1 colher (sopa) de suco de limão-siciliano
180 ml de leite de coco
sal
6 a 8 fatias de limão-siciliano, para guarnecer

1 Em um liquidificador ou processador de alimentos, bata a cebola, o alho, o gengibre, a pimenta caiena, o coentro, o cominho e a cúrcuma até obter uma pasta lisa, raspando as laterais do copo com uma espátula de vez em quando.

2 Aqueça o óleo numa panela grande. Junte a pasta de temperos e refogue em fogo médio por 2 a 3 minutos, mexendo sem parar. Adicione o peito de frango e refogue, mexendo, por mais 1 a 2 minutos.

3 Junte aos poucos a água na quantidade indicada e o caldo, mexendo sem parar. Acrescente o arroz e a lentilha, e cozinhe em fogo bem baixo por 15 a 20 minutos, ou até o arroz ficar macio.

4 Retire o frango da panela, corte-o em pedaços pequenos e reserve. Usando um mixer ou liquidificador, bata 900 mL da sopa e coloque de volta na panela. Acrescente um pouco de água se estiver muito espessa e tempere com sal a gosto.

5 Mexa bem, junte o suco de limão, o leite de coco e o frango picado. Mexa novamente e aqueça bem por 3 a 5 minutos, sem deixar ferver. Sirva a sopa em tigelas previamente aquecidas, guarnecida com uma fatia de limão.

bouillabaisse

rendimento **6-8 porções**
tempo de preparo **cerca de 35 min**
tempo de cozimento **35-40 min**

4 colheres (sopa) de azeite de oliva
2 dentes de alho picadinhos
2 cebolas picadas
500 g de filé de cavala em cubos grandes
500 g de filé de pescada em cubos grandes
500 g de filé de hadoque ou bacalhau fresco em cubos grandes
250 g de camarão fresco sem casca
6 tomates sem pele e picados
½ colher (chá) de pistilos de açafrão
1,5 L de Caldo de peixe (ver p. 10)
1 folha de louro
3 ramos de salsinha
10 a 12 mexilhões frescos com a concha, limpos e escovados
6 a 8 fatias de baguete
sal e pimenta-do-reino
2 colheres (sopa) de salsinha bem picada, para guarnecer

1 Aqueça o azeite numa panela grande. Junte o alho e a cebola, refogue, com a panela tampada, por 3 a 5 minutos, ou até a cebola ficar transparente, sem dourar. Junte a cavala, a pescada e o hadoque e cozinhe em fogo médio, sem tampar, por 10 minutos. Mexa de vez em quando.

2 Junte o camarão e os tomates. Hidrate os pistilos de açafrão no caldo de peixe quente e coloque na panela junto com o louro, a salsinha, sal e pimenta-do-reino a gosto. Mexa e aqueça até ferver. Abaixe o fogo para o mínimo e cozinhe, com a panela tampada, por 15 minutos. Depois, junte os mexilhões e continue cozinhando por mais 10 minutos, ou até que os peixes e frutos do mar estejam cozidos.

3 Descarte o louro, a salsinha e os mexilhões que não se abriram durante o cozimento. Coloque as fatias de pão numa sopeira aquecida e, usando uma concha, despeje a sopa por cima. Salpique a salsinha antes de servir.

clam chowder

rendimento **6-8 porções**
tempo de preparo **25-45 min**
tempo de cozimento **35-40 min**

48 a 60 vôngoles frescos (descarte os que não se fecharem imediatamente com uma batidinha na concha)
40 g de manteiga
125 g de bacon defumado sem o couro e em cubinhos
2 cebolas grandes picadinhas
2 talos de salsão em cubos
1 a 2 talos de alho-poró fatiados
2 colheres (sopa) de salsinha bem picada (e um pouco mais para guarnecer)
2 folhas de louro
folhas de 1 ramo de tomilho
900 mL de água
noz-moscada em pó
4 a 5 batatas médias em cubinhos
2 colheres (sopa) de farinha de trigo
1 a 2 colheres (chá) de molho inglês
sal marinho moído (opcional) e pimenta-do-reino

1 Coloque os vôngoles numa assadeira e leve ao forno preaquecido a 200°C por 2 a 3 minutos, ou até que as conchas comecem a abrir levemente. Retire do forno e termine de abrir as conchas manualmente. Faça isso sobre uma tigela para colher o suco que escorrerá dos vôngoles – reserve-o. Descarte a parte não comestível dos vôngoles (semelhante a um tubo, com a ponta preta), pique grosseiramente a carne rosada e deixe a parte mais macia do corpo inteira.

2 Derreta 25 g da manteiga numa panela grande. Junte o bacon e frite por uns 5 minutos, ou até a gordura começar a derreter. Junte a cebola, tampe e deixe cozinhar em fogo baixo por 10 minutos. Acrescente o salsão, o alho-poró, a salsinha, o louro e o tomilho e cozinhe por mais 5 minutos. Adicione o suco dos vôngoles que você reservou, a água na quantidade indicada, a noz-moscada e pimenta-do-reino a gosto, e as batatas. Mexa bem, experimente e acrescente sal, se necessário. Cozinhe em fogo baixo por cerca de 10 minutos, ou até as batatas começarem a ficar macias.

3 Enquanto isso, misture a farinha com o restante da manteiga até obter uma pasta e reserve. Junte os vôngoles e cozinhe em fogo bem baixo por 3 a 4 minutos. Não deixe a sopa ferver, ou os vôngoles ficarão duros e borrachudos. Coloque um pouco da pasta de farinha e manteiga na panela e mexa bem. Depois que ela tiver sido totalmente incorporada, vá colocando mais até utilizar toda a pasta. Mexa por mais 3 a 4 minutos, ou até a sopa engrossar ligeiramente.

4 Aumente o fogo e aqueça rapidamente por 10 segundos, e então retire a panela do fogo. Adicione o molho inglês, mexa bem e sirva o *chowder* imediatamente em tigelas aquecidas, guarnecido com a salsinha picada.

bisque de camarão

rendimento **4 porções**
tempo de preparo **20 min**
tempo de cozimento **35-45 min**

50 g de manteiga
1 cenoura pequena bem picada
1/2 cebola pequena bem picada
1/2 talo de salsão picadinho
500 g de camarão fresco com casca
250 mL de vinho branco seco
2 colheres (sopa) de conhaque
1,2 L de Caldo de peixe (ver p. 10)
1 *bouquet garni* (amarrado de ervas)
25 g de arroz agulhinha branco
100 mL de creme de leite em lata sem soro
uma pitada de pimenta caiena
sal e pimenta-do-reino
4 colheres (sopa) de salsinha picada, para guarnecer

1 Derreta a manteiga numa panela grande e pesada, junte a cenoura, a cebola e o salsão e refogue, mexendo de vez em quando, por 8-10 minutos, ou até que estejam macios e ligeiramente dourados. Aumente o fogo, junte o camarão e refogue por mais 3 a 4 minutos, ou até o camarão ficar com a casca rosada.

2 Junte o vinho e o conhaque. Assim que ferver, abaixe o fogo para o mínimo e cozinhe por 3 a 4 minutos, ou até que os camarões estejam cozidos. Retire-os da panela e deixe esfriar um pouco. Quando puder manuseá-los, retire a casca e reserve. Descarte o filamento negro das "costas" de cada camarão, pique a carne e reserve.

3 Aqueça o caldo que ficou na panela em fogo alto. Assim que ferver, cozinhe por 2 a 3 minutos, ou até reduzir a dois terços do volume original. Junte as cascas de camarão reservadas, o caldo de peixe, o *bouquet garni* e o arroz. Espere ferver, abaixe o fogo para o mínimo e cozinhe por 15 a 20 minutos, ou até que o arroz esteja macio.

4 Descarte o *bouquet garni*. Bata a sopa com as cascas do camarão no liquidificador ou no processador de alimentos com 3/4 do camarão picado. Passe por uma peneira fina, pressionando bem com uma concha para extrair o máximo de caldo, e transfira para uma panela limpa. Adicione o creme de leite e a pimenta caiena e tempere a gosto com sal e pimenta-do-reino.

5 Leve a sopa novamente ao fogo. Quando estiver prestes a ferver, abaixe o fogo e junte o camarão picado restante. Aqueça por 1 a 2 minutos, ou até que a sopa fique bem quente. Sirva em tigelas previamente aquecidas, decorada com a salsinha picada.

sopas para o verão

Mornas ou geladas, as sopas podem ser uma opção surpreendente para refrescar os dias mais quentes. Recheados de sabores mediterrâneos, ingredientes leves e ervas aromáticas, esses elegantes pratos são sucesso garantido.

sopa de endívia

rendimento **4 porções**
tempo de preparo **5 min**
tempo de cozimento **cerca de 40 min**

75 g de manteiga
1 cebola em cubinhos
2 endívias brancas picadinhas
50 mL de vinho branco seco
250 mL de Caldo de legumes ou de galinha (ver pp. 8 e 9)
1 L de leite
2 colheres (sopa) de amido de milho
2 colheres (sopa) de parmesão ralado
8 fatias de pão amanhecido, besuntadas com manteiga
sal e pimenta-do-reino

1 Derreta 50 g da manteiga em uma panela, em fogo baixo, junte a cebola e refogue até dourar. Acrescente a endívia e refogue por mais 10 minutos. Depois, tempere a gosto com sal e pimenta-do-reino. Adicione o vinho, espere evaporar e junte o caldo e quase todo o leite. Cozinhe em fogo brando até ferver. Misture o amido de milho com o leite restante e coloque na panela, mexendo sem parar para não empelotar.

2 Cozinhe por 25 minutos em fogo médio, depois junte o parmesão ralado e a manteiga restante, cortada em pedaços.

3 Enquanto isso, torre o pão em forno preaquecido a 200°C por uns 10 minutos, até que fique levemente dourado. Coloque as torradas em tigelas previamente aquecidas e despeje a sopa por cima. Sirva quente.

sopa creme de salsão, cenoura e maçã

rendimento **6 porções**
tempo de preparo **15 min**
tempo de cozimento **cerca de 1 hora**

50 g de manteiga sem sal
500 g de salsão fatiado
500 g de cenoura picada
250 g de maçãs não muito ácidas, sem sementes e sem cascas, picadas grosseiramente
1,2 L de Caldo de legumes (ver p. 8)
1 colher (chá) de páprica
pimenta caiena a gosto
1 colher (sopa) de manjericão fresco ou 1 colher (chá) de manjericão seco
1 folha de louro
1 colher (chá) de gengibre fresco ralado
sal e pimenta-do-reino branca

para guarnecer
folhas de salsão picadas
páprica

1 Derreta a manteiga numa panela grande e junte o salsão, a cenoura e a maçã. Tampe bem e cozinhe em fogo baixo por 15 minutos, mexendo de vez em quando.

2 Junte o caldo, a páprica, a pimenta caiena, o manjericão, o louro e o gengibre. Assim que ferver, abaixe o fogo para o mínimo e cozinhe, com a panela parcialmente tampada, por 40 a 45 minutos, ou até que os ingredientes estejam bem macios.

3 Usando um mixer ou liquidificador, bata a sopa até obter um creme liso. Passe por uma peneira e leve novamente ao fogo. Tempere a gosto com sal e pimenta-do-reino. Aqueça a sopa novamente. Sirva-a em tigelas previamente aquecidas, guarnecida com algumas folhas de salsão picadas e uma pitada de páprica.

Sopa creme de alcachofra-de-jerusalém

rendimento **4 porções**
tempo de preparo **25 min**
tempo de cozimento **30 min**

1 limão-siciliano pequeno
625 g de alcachofra-de-jerusalém (tupinambo)
50 g de manteiga
1 cebola picada
1 dente de alho amassado
1 talo de salsão picado
folhas de 1 ramo de tomilho-limão (se não encontrar, use tomilho comum e um pouco de raspas de limão)
1 L de Caldo de legumes ou de galinha (ver pp. 8 e 9)
óleo para fritar
175 mL de creme de leite fresco ou leite
3 colheres (sopa) de parmesão ralado bem fino
sal e pimenta-do-reino
folhas de salsinha (use a variedade lisa), para guarnecer

1 Rale a casca do limão e reserve as raspas. Esprema o suco numa tigela grande com água gelada. Descasque as alcachofras-de-jerusalém com cuidado; reserve duas e pique as demais em pedaços de 1,5 cm. Coloque-as imediatamente na bacia com água e limão para evitar que escureçam.

2 Derreta a manteiga numa panela grande. Junte a cebola, o alho, o salsão, o tomilho e as raspas de limão e refogue em fogo brando por 6 a 8 minutos, ou até amaciar, sem deixar dourar. Escorra a água das alcachofras picadas e coloque-as na panela com o caldo. Tempere a gosto com sal e pimenta-do-reino. Assim que ferver, abaixe o fogo para o mínimo e cozinhe por 15 minutos, ou até que a alcachofra fique macia.

3 Prepare os *chips* de alcachofras para guarnecer: corte as 2 alcachofras reservadas em fatias bem finas e seque-as bem com papel-toalha. Aqueça um pouco de óleo numa panela funda até atingir 180 a 190°C (nesse ponto, um cubinho de pão, ao ser jogado no óleo, sobe para a superfície, já dourado, em 30 segundos). Frite as fatias de alcachofra em pequenas porções até que fiquem douradas e crocantes. Escorra-as bem em papel-toalha.

4 Usando um mixer ou liquidificador, bata a sopa até obter um creme liso. Passe-a por uma peneira e leve novamente ao fogo. Junte o creme de leite e coloque um pouco de água, se estiver muito espessa. Tempere a gosto e aqueça até levantar fervura. Junte o parmesão e sirva o creme em tigelas previamente aquecidas, guarnecido com os *chips* de alcachofra e as folhas de salsinha.

sopa creme de coração de alcachofra com endro

rendimento **4-6 porções**
tempo de preparo **15-20 min**
tempo de cozimento **cerca de 35 min**

50 g de manteiga
1 cebola picada
1 dente de alho picado
1 talo de salsão fatiado
425 g de corações de alcachofra em conserva, escorridos
1,2 L de Caldo de legumes ou de galinha (ver pp. 8 e 9)
1 colher (sopa) de suco de limão-siciliano
3 colheres (sopa) de endro (*dill*) picado
2 colheres (sopa) de farinha de trigo
150 mL de creme de leite fresco
sal e pimenta-do-reino branca
4 a 6 ramos de endro, para guarnecer

1 Derreta a manteiga numa panela. Junte a cebola, o alho e o salsão e refogue em fogo médio, com a panela tampada, por 10 a 12 minutos, ou até que os legumes fiquem macios. Mexa de vez em quando.

2 Junte os corações de alcachofra, tampe a panela e cozinhe por mais cerca de 3 minutos. Acrescente 1 L do caldo e o suco de limão. Junte 1 colher de sopa do endro picado, mexa bem e cozinhe, com a panela tampada e em fogo médio, por 15 minutos.

3 Usando um mixer ou liquidificador, bata a sopa até obter um creme liso. Transfira para uma panela limpa.

4 Numa tigelinha, misture a farinha com o caldo restante, acrescentando um pouco de água, se necessário. Aqueça a sopa novamente e junte essa pasta de farinha aos poucos, batendo com um batedor de arame até que o caldo engrosse ligeiramente. Adicione o endro restante, tempere a gosto com sal e pimenta-do-reino e, por fim, junte o creme de leite. Aqueça bem, mas sem deixar ferver, ou a sopa irá talhar. Sirva em tigelas previamente aquecidas, decoradas com ramos de endro.

sopa cremosa de milho verde

rendimento **4-6 porções**
tempo de preparo **5-10 min**
tempo de cozimento **cerca de 30 min**

40 g de manteiga
1 cebola picada
2 batatas em cubinhos
25 g de farinha de trigo
900 mL de leite
1 folha de louro
3 1/2 latas de milho verde em conserva escorrido
2 colheres (sopa) de creme de leite em lata, sem o soro
sal e pimenta-do-reino branca moída na hora
bacon frito esmigalhado, para guarnecer
croûtons de alho, para servir (ver p. 107)

1 Derreta a manteiga numa panela grande. Junte a cebola e refogue em fogo baixo por 5 minutos, mexendo sempre, sem deixar dourar. Adicione as batatas e refogue por mais 2 minutos.

2 Acrescente a farinha à panela e, aos poucos, junte o leite, mexendo sem parar. Espere ferver, adicione a folha de louro e tempere a gosto com sal e pimenta-do-reino. Junte metade do milho, tampe a panela e cozinhe em fogo bem baixo por 15 a 20 minutos.

3 Retire a panela do fogo, descarte a folha de louro e espere a sopa esfriar um pouco. Usando um mixer ou liquidificador, bata até obter um creme liso. Leve de volta à panela, junte o milho restante e aqueça bem.

4 Incorpore o creme de leite, polvilhe com o bacon frito e sirva o creme em tigelas previamente aquecidas, acompanhado dos *croûtons* de alho.

sopa creme de erva-doce e limão com gremolata de azeitonas pretas

rendimento **4 porções**
tempo de preparo **20 min**
tempo de cozimento **cerca de 40 min**

75 mL de azeite de oliva
3 cebolinhas de cabeça grande picadas
250 g de bulbo de erva-doce em fatias finas (somente a parte branca; reserve os raminhos verdes para a *gremolata*)
1 batata em cubinhos
suco e raspas bem finas de 1 limão-siciliano
750 mL de Caldo de legumes ou de galinha (ver pp. 8 e 9)
sal e pimenta-do-reino

gremolata de azeitonas pretas
1 dente de alho pequeno picadinho
raspas bem finas de 1 limão-siciliano
4 colheres (sopa) de salsinha picada
alguns raminhos verdes do bulbo de erva-doce bem picados
16 azeitonas pretas conservadas em óleo temperado, descaroçadas e picadas

1 Aqueça o azeite numa panela grande, junte a cebola e refogue por 5 a 10 minutos, ou até que ela comece a amolecer. Junte a erva-doce, a batata e as raspas de limão, e refogue por mais 5 minutos. Acrescente o caldo e espere ferver. Abaixe o fogo para o mínimo, tampe a panela e cozinhe por cerca de 25 minutos, ou até que os legumes fiquem macios.

2 Enquanto isso, prepare a *gremolata*: misture bem o alho, as raspas de limão, a salsinha e os raminhos de erva-doce. Depois, junte as azeitonas, tampe e leve à geladeira.

3 Usando um mixer ou liquidificador, bata a sopa até obter um creme liso. Depois, passe-a por uma peneira para retirar as fibras da erva-doce. O creme não deve ficar muito grosso – adicione mais caldo, se necessário. Coloque a sopa de volta na panela. Tempere com sal, pimenta-do-reino e bastante suco de limão. Despeje em tigelas aquecidas e polvilhe cada porção com um pouco da *gremolata*, que deve ser misturada à sopa antes de consumir.

sopa creme de pepino, ervilha e hortelã

rendimento **6 porções**
tempo de preparo **15 min** (mais o tempo de gelar, se for servida fria)
tempo de cozimento **25-30 min**

50 g de manteiga
500 g de pepino descascado, sem sementes e cortado em pedaços de 1 cm
250 g de ervilha fresca ou congelada
uma pitada de açúcar
1/4 de colher (chá) de pimenta-do-reino branca
3 colheres (sopa) de hortelã fresca picadinha
1,2 L de Caldo de legumes ou de galinha (ver pp. 8 e 9)
175 g de batata grosseiramente picada
150 mL de creme de leite em lata, sem o soro (gelado, se a sopa for servida fria)
sal

1 Derreta a manteiga numa panela grande, junte o pepino e refogue em fogo médio por 5 minutos, mexendo de vez em quando. Junte a ervilha, o açúcar, a pimenta-do-reino, 2 colheres da hortelã e sal. Acrescente o caldo e aqueça. Assim que ferver, junte a batata. Abaixe o fogo para o mínimo e cozinhe, com a panela parcialmente tampada, por 20 minutos, ou até que a batata fique macia.

2 Usando um mixer ou liquidificador, bata a sopa até obter um creme liso. Coloque em uma panela limpa ou, se for servir a sopa fria, em uma tigela. Tempere a gosto com sal.

3 Se for servir a sopa quente, junte o creme de leite e aqueça em fogo bem baixo, sem deixar ferver. Sirva em pratos previamente aquecidos, guarnecidos com um pouco da hortelã restante. Se for servi-la fria, tampe bem a tigela e leve-a à geladeira por no mínimo 3 horas. Pouco antes de servir, incorpore o creme de leite gelado. Sirva em pratos gelados, guarnecidos com um pouco da hortelã restante.

sopa creme de berinjela grelhada

rendimento **4-6 porções**
tempo de preparo **15 min**
tempo de cozimento **40-45 min**

1 kg de berinjela
3 colheres (sopa) de azeite de oliva
1 cebola roxa
2 dentes de alho amassados
1,2 L de Caldo de legumes ou de galinha (ver pp. 8 e 9)
200 mL de *crème fraîche* ou coalhada seca*
2 colheres (sopa) de hortelã picada
sal e pimenta-do-reino
ramos de hortelã, para guarnecer

1 Coloque a berinjela numa grelha ou em forno bem quente ou por cerca de 20 minutos, virando de vez em quando até que a casca fique bem chamuscada e a polpa macia. Deixe esfriar um pouco, corte ao meio, retire a polpa e pique.

2 Numa panela, aqueça o azeite em fogo baixo. Junte a cebola e o alho e refogue por 5 a 6 minutos, sem deixar dourar, ou até que fiquem macios. Acrescente a berinjela picada e o caldo e cozinhe por mais 10 a 15 minutos.

3 Bata a sopa usando um mixer ou liquidificador. Passe-a por uma peneira e leve-a novamente ao fogo para aquecer. Tempere a gosto com sal e pimenta-do-reino.

4 Misture o *crème fraîche* ou coalhada seca com a hortelã picada e tempere a gosto. Sirva a sopa em tigelas previamente aquecidas, guarnecida com uma colherada desse creme de hortelã no centro e decorada com um ramo de hortelã.

*N.T.: O *crème fraîche* é um tipo de creme de leite fermentado. Pode ser encontrado em casas de produtos importados ou preparado em casa: junte 4 partes de creme de leite fresco a uma parte de iogurte natural – misture e deixe descansar até engrossar.

bortsch

rendimento **6 porções**
tempo de preparo **15 min**
tempo de cozimento **cerca de 1½ hora**

4 beterrabas cruas
4 tomates sem pele e picados
1,2 L de Caldo de legumes ou de carne (ver pp. 8 e 11)
3 folhas grandes de repolho cortadas em tiras largas
1 folha de louro
½ colher (chá) de sementes de alcaravia (*kümmel*)
6 grãos de pimenta-do-reino preta triturados
5 colheres (sopa) de vinagre de vinho tinto
2 colheres (sopa) de açúcar
6 batatas pequenas
sal
6 colheres (chá) de creme de leite azedo (ver Dica da p. 17), para guarnecer

1 Coloque as beterrabas numa panela, cubra com bastante água fria e acrescente 1 colher (sopa) de sal. Aqueça até ferver, então abaixe o fogo para o mínimo e cozinhe por 35 a 45 minutos. Escorra-as e enxágue em água fria. Seque com papel-toalha e retire a pele.

2 Rale as beterrabas e coloque-as numa panela grande. Junte os tomates, o caldo, o repolho, o louro, a alcaravia, os grãos de pimenta, o vinagre, o açúcar e 2 colheres (chá) de sal. Mexa bem e leve ao fogo. Assim que ferver, abaixe o fogo para o mínimo e cozinhe, com a panela tampada, por cerca de 30 minutos.

3 Descarte o louro e junte as batatas à sopa. Continue cozinhando lentamente até que elas fiquem macias, mas sem desmanchar. Sirva a sopa quente em tigelas previamente aquecidas, guarnecida com uma colher (chá) do creme de leite azedo.

caldo verde vegetariano

rendimento **6 porções**
tempo de preparo **15 min**
tempo de cozimento **40 min**

2 colheres (sopa) de azeite de oliva
1 cebola grande picada
2 dentes de alho picados
500 g de batata cortada em cubos de 2,5 cm
1,2 L de água ou Caldo de legumes (ver p. 8)
250 g de couve cortada em tirinhas finas
2 colheres (sopa) de salsinha picada
sal e pimenta-do-reino
croûtons (ver p. 18), para servir (na forma de tiras, em vez de cubinhos)

1 Aqueça o azeite numa frigideira grande. Junte a cebola e refogue por 5 minutos, ou até que fique macia, mas sem dourar. Junte o alho e as batatas e refogue por alguns minutos, mexendo de vez em quando.

2 Coloque esse refogado numa panela grande. Junte a água ou caldo, tempere a gosto com sal e pimenta-do-reino e cozinhe por 15 minutos, até as batatas ficarem macias.

3 Amasse as batatas grosseiramente dentro da própria panela, junte a couve e ferva em fogo alto, com a panela destampada, por 10 minutos.

4 Junte a salsinha e cozinhe em fogo baixo por mais 2 a 3 minutos, até aquecer bem. Sirva a sopa em tigelas previamente aquecidas, acompanhada de *croûtons*.

gazpacho

rendimento **6 porções**
tempo de preparo **10-15 min** (mais o tempo de gelar)

2 dentes de alho picados grosseiramente
1/4 de colher (chá) de sal
3 fatias grossas de pão branco sem casca
1 kg de tomate sem pele e grosseiramente picado
2 cebolas grosseiramente picadas
1/2 pepino grande sem casca e sem sementes, cortado em pedaços grandes
2 pimentões verdes grandes, sem sementes e sem a parte branca, grosseiramente picados
5 colheres (sopa) de azeite de oliva
4 colheres (sopa) de vinagre de vinho branco
1 L de água
pimenta-do-reino moída na hora

1 Amasse o alho com o sal num pilão até obter uma pasta lisa. Coloque o pão numa tigela grande e cubra com água fria. Deixe de molho por 5 segundos e escorra bem, espremendo para retirar o excesso de água.

2 Reserve 1/4 dos tomates, das cebolas, do pepino e dos pimentões para guarnecer. Coloque o restante no processador de alimentos ou liquidificador. Junte o alho amassado, o pão umedecido e o azeite e bata até obter uma pasta lisa.

3 Despeje a mistura numa tigela e incorpore o vinagre e a água, temperando com pimenta-do-reino a gosto. Tampe bem e leve à geladeira por no mínimo 3 horas.

4 Pique os legumes reservados em cubinhos e sirva à parte, em tigelinhas individuais, acompanhando a sopa. Sirva o *gazpacho* gelado, em tigelas bem frias.

sopa gelada de tomate e pimentão vermelho com salsa verde

rendimento **4-6 porções**
tempo de preparo **cerca de 30 min**
(mais o tempo de gelar)

1 kg de tomate bem maduro e suculento
2 pimentões vermelhos grandes, sem sementes e sem a parte branca, grosseiramente picados
2 dentes de alho picados
1 pimenta vermelha fresca pequena, sem sementes, picadinha
600 mL de polpa de tomate sem tempero (*passata*)
6 colheres (sopa) de azeite de oliva
2 colheres (sopa) de vinagre balsâmico
sal e pimenta-do-reino
600 mL de gelo picado, para servir

salsa verde

1 colher (chá) de sal
2 dentes de alho picadinhos
4 filés de anchova conservados em óleo, escorridos e picados
3 colheres (sopa) de cada uma destas ervas: salsinha, hortelã e manjericão picados
2 colheres (sopa) de alcaparras escorridas e picadas
150 mL de azeite de oliva, e um pouco mais para regar
2 colheres (sopa) de suco de limão-siciliano
pimenta-do-reino

1 Descarte o pedúnculo ("umbigo") dos tomates, mergulhe-os em água fervente por 5 a 10 segundos e depois em água fria. Retire a pele e corte ao meio no sentido da largura, então esprema-os levemente para descartar as sementes. Coloque num liquidificador ou processador de alimentos.

2 Junte os pimentões vermelhos, o alho e a pimenta e bata até obter um purê de textura grossa. Coloque a mistura numa tigela e incorpore a polpa de tomate, o azeite e o vinagre balsâmico. Tempere com sal e pimenta-do-reino a gosto, tampe e guarde na geladeira de um dia para o outro.

3 Para preparar a *salsa verde*, amasse 1 colher (chá) de sal com o alho num pilão até obter uma pasta lisa. Transfira para uma tigela e junte, batendo, a anchova, as ervas, a alcaparra, o azeite, o suco de limão e pimenta-do-reino a gosto.

4 Incorpore o gelo à sopa e sirva-a acompanhada da *salsa verde*, que deve ser colocada num recipiente à parte.

sopa ao estilo fondue chinoise

rendimento **4-6 porções**
tempo de preparo **cerca de 40 min**
tempo de cozimento **cerca de 10 min**

8 colheres (sopa) de óleo
10 dentes de alho cortados em fatias finas
1 colher (sopa) de pasta de tamarindo
150 mL de água fervente
1,2 L de água fria
2 colheres (sopa) de *nam pla* (molho de peixe)
1 colher (chá) de açúcar refinado
1 abacaxi pequeno sem casca e sem miolo, cortado em cubos
175 g de tomates cortados em quatro
8 ramos de cebolinha picada
250 g de camarão grande fresco
3 lulas limpas, cortadas em anéis largos
250 g de filé de truta arco-íris, cortado em pedaços

para servir
um punhado de folhas de coentro fresco
um punhado de folhas de manjericão fresco
2 pimentas vermelhas grandes frescas, fatiadas na diagonal

1 Aqueça bem o óleo numa panelinha e frite as fatias de alho aos poucos até que fiquem bem douradas. Escorra-as em papel-toalha e reserve.

2 Coloque a pasta de tamarindo numa tigela e junte a água fervente; deixe-a de molho por 20 minutos para que amoleça e dissolva. Passe o líquido por uma peneira fina (descarte as cascas, os filamentos e as sementes de tamarindo). Coloque numa panela e junte a água fria, o molho de peixe, o açúcar, o abacaxi, os tomates e a cebolinha. Cozinhe em fogo brando até ferver.

3 Se for usar um *réchaud* oriental, despeje o líquido fervente no anel que circunda a "chaminé" e coloque aí os camarões, os anéis de lula e os pedaços de peixe. Cozinhe lentamente por 6 a 8 minutos. Outras opções são usar uma panela de fondue comum, ou preparar a sopa numa panela grande e pesada. Neste caso, cozinhe o peixe e os frutos do mar por 6 a 8 minutos, ou até que estejam macios.

4 Sirva a sopa na panela escolhida, com as folhas de coentro e manjericão, a pimenta fresca fatiada e as fatias crocante de alho polvilhadas por cima.

sopa de missô com tofu

rendimento **4 porções**
tempo de preparo **10 min**
tempo de cozimento **35-40 min**

2 colheres (sopa) de missô vermelho ou branco
1 alho-poró pequeno cortado à juliana
125 g de tofu firme cortado em cubinhos
1 colher (sopa) de alga *wakame*

caldo de peixe
15 g de alga *kombu*
1,8 L de água
2 colheres (sopa) de *katsuobushi* (bonito desidratado)
cebolinha-francesa, para servir

1 Primeiramente, prepare o caldo de peixe. Passe um pano úmido pela alga *kombu* e leve-a ao fogo com a água. Aqueça até ferver, retirando com uma escumadeira a espuma que subir à superfície. Quando o caldo ficar transparente, junte 1 1/2 colher (sopa) de bonito desidratado e cozinhe em fogo bem baixo, sem tampar, por 20 minutos. Tire a panela do fogo e acrescente o restante do bonito desidratado. Deixe descansar por 5 minutos, depois coe e ponha o caldo novamente na panela.

2 Misture o missô com um pouco do caldo quente. Depois, às colheradas, vá juntando a mistura ao caldo restante, mexendo sem parar até que todo o missô tenha sido incorporado. Retire do fogo e reserve até a hora de servir.

3 Aqueça o caldo e junte o alho-poró, o tofu e a alga *wakame*.

4 Branqueie os ramos de cebolinha-francesa: mergulhe-os em água fervente por alguns segundos, depois em água gelada, escorrendo bem. Faça um "amarrado" e coloque na superfície da sopa. Sirva imediatamente em tigelas previamente aquecidas.

sopa de mexilhões com açafrão, manjericão e espinafre

rendimento **4 porções**
tempo de preparo **30 min**
tempo de cozimento **cerca de 20 min**

uma pitada de pistilos de açafrão
125 mL de água fervente
750 g de mexilhões frescos com a concha, escovados e limpos
175 mL de vinho branco seco
2 colheres (sopa) de azeite de oliva
2 chalotas ou 1 cebola pequena, picadinhas
1 dente de alho picadinho
200 mL de creme de leite em lata, sem o soro
175 g de folhinhas tenras de espinafre, sem o caule
15 folhas de manjericão cortadas em tiras finas

1 Coloque o açafrão numa tigelinha refratária e despeje por cima a água fervente. Deixe-o de molho para hidratar. Descarte os mexilhões que estiverem abertos ou quebrados. Dentro de outra tigela, coloque um escorredor de macarrão grande.

2 Coloque o vinho numa panela grande o suficiente para acomodar todos os mexilhões e leve ao fogo. Assim que o vinho ferver, junte os mexilhões. Tampe bem e cozinhe por uns 2 a 3 minutos, sacudindo a panela de leve sem parar, até que as conchas estejam abertas.

3 Despeje os mexilhões no escorredor de macarrão e retire-os das conchas, descartando aqueles que não abriram. Passe o líquido que ficou na tigela por um coador fino forrado com um pedaço de musselina e reserve.

4 Numa panela, aqueça o azeite em fogo baixo. Junte as chalotas e o alho e refogue por 5 a 6 minutos, sem deixar dourar, ou até que estejam macios. Acrescente o caldo dos mexilhões, o creme de leite, o açafrão e a água em que ele ficou de molho, e espere ferver. Abaixe o fogo, acrescente o espinafre, metade do manjericão e os mexilhões. Cozinhe em fogo brando por 2 minutos, depois tire a panela do fogo, junte o manjericão restante e sirva em tigelas previamente aquecidas.

sopa mediterrânea de salmão com rouille

rendimento **6 porções**
tempo de preparo **25 min**
tempo de cozimento **30 min**

1 colher (sopa) de azeite de oliva
25 g de manteiga
1 cebola bem picada
1 cenoura em cubinhos
1 batata de no máximo 200 g, em cubos
1 dente de alho picadinho
1 colher (chá) de páprica, e um pouco mais para decorar
duas pitadas generosas de pistilos de açafrão
2 tomates sem pele e em cubinhos
1 colher (sopa) de extrato de tomate
900 mL de Caldo de peixe (ver p. 10)
125 mL de vinho branco seco
2 postas de salmão (cerca de 200 g cada)
150 mL de leite
150 mL de creme de leite fresco
sal e pimenta-do-reino

rouille

1 pimenta vermelha grande fresca, não muito picante, sem sementes e picada
1 dente de alho picadinho
3 colheres (sopa) de maionese
1 baguete pequena cortada em 12 fatias e torrada
sal e pimenta-do-reino

1 Numa panela grande, aqueça o azeite e a manteiga. Junte a cebola e refogue em fogo brando por 5 minutos, mexendo de vez em quando, até que fique macia. Adicione a cenoura e a batata e refogue por mais 5 minutos.

2 Acrescente o alho, a páprica, o açafrão e os tomates e cozinhe por 1 minuto. Junte o extrato de tomate, o caldo de peixe e o vinho. Coloque as postas de salmão sobre o caldo e tempere com bastante sal e pimenta-do-reino. Assim que ferver, abaixe o fogo para o mínimo, tampe a panela e cozinhe por 10 a 12 minutos, ou até que o salmão se separe em lascas ao ser pressionado de leve com uma faca.

3 Retire o salmão da panela, descarte a pele e as espinhas e separe a carne em lascas com uma faca e um garfo. Reserve $^{1}/_{4}$ para guarnecer e coloque o restante de volta na panela, com o leite e o creme de leite. Usando um mixer ou liquidificador, bata a sopa até obter um creme liso. Experimente e corrija o tempero, se necessário. Aqueça sem deixar ferver.

4 Para preparar a *rouille*, bata a pimenta fresca, o alho e a maionese com um pouco de sal e pimenta-do-reino num liquidificador ou processador de alimentos até obter um creme. Torre as fatias de pão dos dois lados e ponha uma colherada de *rouille* no centro. Coloque a sopa em tigelas previamente aquecidas, distribua algumas lascas de salmão por cima e apoie uma fatia de torrada no centro. Polvilhe com um pouquinho de páprica e sirva imediatamente.

chowder de lagosta e milho

rendimento **4 porções**
tempo de preparo **20 min** (mais o tempo de preparar as lagostas)
tempo de cozimento **1 hora**

- 2 lagostas cozidas (cerca de 750 g cada uma)
- 50 g de manteiga
- 1 cebola média picadinha
- 1 cenoura picadinha
- 1 talo de salsão picadinho
- 1 ramo de tomilho
- 1 ramo de salsinha
- 2 folhas de louro
- 1 L de água
- 200 g de milho verde em conserva escorrido
- 1 cebola pequena picada
- 1 dente de alho pequeno amassado
- 50 g de *pancetta* cortada em tirinhas
- 300 mL de leite
- 300 mL de creme de leite fresco
- 1 kg de batata cortada em cubos de 1,5 cm
- pimenta caiena
- 4 tomates, sem pele e sem sementes, picados
- sal e pimenta-do-reino

1 Corte as lagostas ao meio no sentido do comprimento, descarte o fígado (massa verde-acinzentada), as guelras e os intestinos, que correm longitudinalmente, acompanhando as costas. Quebre as pinças e retire a carne. Corte a carne restante em bocados e reserve. Coloque a carapaça num saquinho resistente e bata com um martelo de carne ou rolo de macarrão para quebrá-la bem.

2 Coloque metade da manteiga numa panela grande e derreta em fogo brando. Junte a cebola média, a cenoura e o salsão e refogue por 8 a 10 minutos, ou até que fiquem macios.

3 Acrescente as ervas, a água na quantidade indicada e a carapaça da lagosta que foi quebrada. Assim que ferver, abaixe o fogo para o mínimo e cozinhe por cerca de 30 minutos. Passe por uma peneira bem fina e reserve o caldo.

4 Coloque 2/3 do milho verde num processador de alimentos ou liquidificador com o caldo e bata até ficar homogêneo. Aqueça a manteiga restante numa panela grande, junte a cebola pequena e o alho e refogue em fogo baixo por 5 minutos.

5 Adicione a *pancetta* e refogue até dourar. Acrescente o purê de milho verde e caldo de lagosta, o leite, o creme de leite, a batata e o milho restante. Espere ferver, abaixe o fogo para o mínimo e cozinhe por 10 a 15 minutos, ou até que a batata fique macia.

6 Tempere a gosto com pimenta caiena, sal e pimenta-do-reino. Por fim, junte o tomate em cubinhos e a carne de lagosta picada. Aqueça sem deixar ferver e sirva em pratos previamente aquecidos.

sopas de sabor marcante

Os sabores marcantes de diversas culinárias internacionais estão presentes nestas receitas exóticas – sopas adocicadas e aromáticas do Oriente Médio; sopas asiáticas perfumadas e cítricas; sopas picantes e frutadas do Caribe; e as apimentadíssimas sopas mexicanas.

sopa de tomate e pimenta assados ao creme de azeitona preta

rendimento **4-6 porções**
tempo de preparo **30 min**
tempo de cozimento **cerca de 1¼ hora**

1,5 kg de tomate bem maduro e suculento
6 colheres (sopa) de azeite de oliva
1½ colher (chá) de sal marinho
1 colher (sopa) de açúcar refinado
1 pimenta vermelha grande
3 a 4 chalotas ou 1 cebola, picadinhas
1 dente de alho amassado
600 mL de água
2 a 4 colheres (sopa) de suco de limão Taiti
sal e pimenta-do-reino

creme de azeitona
50 g de azeitona preta sem caroço
50 g de *crème fraîche* (ver Dica da p. 62)

1 Corte o tomate ao meio no sentido do comprimento e, segurando-o sobre uma bacia, retire as sementes com a ajuda de uma colherinha. Reserve o suco e as sementes.

2 Unte uma assadeira com uma colher (sopa) de azeite e coloque os tomates com o lado cortado virado para cima. Polvilhe-os com cerca de 4 colheres (sopa) de azeite, o sal marinho e o açúcar. Coloque a pimenta vermelha inteira na assadeira e leve ao forno preaquecido a 180°C por 45 a 50 minutos. Retire a pimenta depois de 20 minutos, quando já estiver bem chamuscada por fora. Depois que esfriar, descarte as sementes e as cascas e pique grosseiramente.

3 Enquanto isso, prepare o creme: pique bem as azeitonas pretas, misture com o *crème fraîche* e tempere a gosto com sal e pimenta-do-reino.

4 Numa panela, aqueça o azeite restante em fogo médio, junte a chalota e refogue por 6 a 8 minutos, ou até amolecer e ficar levemente dourada. Acrescente o alho e frite por mais 2 minutos.

5 Junte o tomate assado e todo o suco temperado da assadeira, as sementes e o suco de tomate reservados, a pimenta assada e a água. Leve ao fogo. Assim que ferver, abaixe para o mínimo e cozinhe por 10 a 12 minutos.

6 Bata a sopa usando um mixer ou liquidificador. Passe por uma peneira e leve novamente ao fogo para aquecer. Tempere a gosto com sal, pimenta-do-reino e suco de limão. Sirva em tigelas previamente aquecidas, guarnecida com uma colherada do creme de azeitona.

sopa de ervilha amarela com chorizo

rendimento **6-8 porções**
tempo de preparo **15-20 min** (mais o tempo de molho)
tempo de cozimento **cerca de 2 horas**

375 g de ervilha amarela, deixada de molho em água fria de um dia para o outro
2 colheres (sopa) de azeite de oliva
3 gomos de *chorizo* espanhol cortado em rodelas finas
1 cebola picada
2 dentes de alho picadinhos
1,2 L de Caldo de galinha (ver p. 9)
900 mL de água
1 folha de louro
1 ramo de tomilho, ou 1/4 de colher (chá) de tomilho seco
3 cenouras cortadas em quatro no sentido do comprimento e em fatias finas
sal

1 Escorra a ervilha num escorredor de macarrão, enxágue sob água corrente fria e escorra novamente.

2 Aqueça o azeite numa panela grande. Refogue o *chorizo* em fogo médio, mexendo por 5 minutos. Com uma escumadeira, coloque as rodelas num prato forrado com papel-toalha para escorrer. Descarte o que ficou na panela, deixando apenas 1 colher (sopa) de gordura.

3 Junte a cebola e o alho e refogue em fogo médio até amolecerem. Junte a ervilha escorrida, o caldo de galinha, a água na quantidade indicada, o louro e o tomilho. Aqueça até ferver, retirando com uma escumadeira a espuma que subir à superfície. Abaixe o fogo e cozinhe lentamente, com a panela parcialmente tampada, por 1 hora e 15 minutos. Mexa de vez em quando.

4 Junte as cenouras e cozinhe por mais 30 minutos, ou até que fiquem macias. Tempere a gosto com sal. Descarte o louro, acrescente o *chorizo* reservado e cozinhe por mais 10 minutos. Sirva em pratos previamente aquecidos.

sopa de feijão-branco com alho crocante e pimenta calabresa

rendimento **6 porções**
tempo de preparo **35 min** (mais o tempo de molho)
tempo de cozimento **cerca de 1-1¼ hora**

250 g de feijão-branco deixado de molho em água fria de um dia para o outro
Caldo de galinha ou de legumes (ver pp. 8 e 9), ou água fria, suficiente para cobrir o feijão
um punhado de folhas de sálvia
4 dentes de alho
150 mL de azeite de oliva
2 colheres (sopa) de sálvia ou alecrim, picado
uma pitada generosa de pimenta calabresa
sal e pimenta-do-reino
salsinha picada grosseiramente, para guarnecer

1 Escorra o feijão e coloque-o numa panela com tampa que possa ir ao forno. Junte o caldo ou a água até obter uma camada de 5 cm acima dos grãos, mergulhando aí as folhas de sálvia. Leve ao fogo. Assim que ferver, tampe bem e leve ao forno preaquecido a 160°C por 40 a 60 minutos, ou até o feijão ficar macio (quanto mais novo o feijão, mais rápido o cozimento). Desligue e reserve.

2 Enquanto isso, pique muito bem metade do alho e corte o restante em fatias bem finas e uniformes.

3 Usando um mixer ou liquidificador, bata metade dos grãos de feijão, as folhas de sálvia cozidas e todo o líquido até obter um creme liso. Despeje esse purê de volta na panela dos grãos de feijão restantes. Se a sopa ficar muito espessa, coloque mais água ou caldo para diluir um pouco.

4 Aqueça metade do azeite numa frigideira e junte o alho picadinho. Refogue em fogo brando até que esteja macio e dourado. Junte a sálvia picada e refogue por mais 30 segundos. Incorpore o refogado à sopa e aqueça até começar a ferver. Abaixe o fogo para o mínimo e cozinhe por 10 minutos. Experimente e tempere bem com sal e pimenta-do-reino. Despeje em uma sopeira ou nos pratos em que vai servir, previamente aquecidos.

5 Frite as fatias de alho com cuidado no azeite restante até ficarem douradas (não deixe que escureçam demais, ou ficarão amargas) e junte a pimenta calabresa. Mergulhe o fundo da panela em água fria para interromper o cozimento e então use a mistura para regar a sopa. Sirva guarnecida com a salsinha picada.

harira

rendimento **8-10 porções**
tempo de preparo **cerca de 25 min**
(mais o tempo de molho)
tempo de cozimento **cerca de 3 horas**

250 g de grão-de-bico, deixado de molho por 48 horas em água fria, ou por 12 horas se coberto com água fervente
2 peitos de frango inteiros cortados ao meio
1,2 L de Caldo de galinha (ver p. 9)
1,2 L de água
2 latas (425 g cada) de tomates pelados picados
1/4 de colher (chá) de pistilos de açafrão esmigalhados
2 cebolas picadas
125 g de arroz agulhinha branco
50 g de lentilha seca, lavada e escorrida
2 colheres (sopa) de coentro fresco picadinho
2 colheres (sopa) de salsinha picadinha
sal e pimenta-do-reino

1 Escorra o grão-de-bico, enxágue e escorra novamente. Coloque numa panela, cubra com água até 5 cm acima dos grãos e leve ao fogo. Assim que ferver, abaixe o fogo para o mínimo e cozinhe, com a panela parcialmente tampada, por 2 horas, ou até que o grão-de-bico esteja macio. Coloque mais água, se necessário. Escorra e reserve.

2 Coloque o peito de frango, o caldo e a água em outra panela. Ferva, então abaixe o fogo para o mínimo e cozinhe por 10 a 15 minutos, ou até que o frango esteja cozido. Retire o frango, desfie e descarte os ossos e a pele. Reserve.

3 Junte o grão-de-bico, os tomates, o açafrão, as cebolas, o arroz e a lentilha ao caldo do cozimento do frango. Cozinhe em fogo baixo, com a panela tampada, por 30 a 35 minutos, ou até que o arroz e a lentilha fiquem macios.

4 Acrescente o frango, o coentro e a salsinha e aqueça, sem ferver, por uns 5 minutos. Tempere com sal e pimenta-do-reino e sirva em pratos previamente aquecidos.

sopa chilli com feijão e pimenta vermelha

rendimento **6 porções**
tempo de preparo **20 min**
tempo de cozimento **40 min**

2 colheres (sopa) de óleo de girassol
1 cebola grande picadinha
4 dentes de alho picadinhos
2 pimentões vermelhos, sem sementes e sem a parte branca, em cubinhos
2 pimentas vermelhas frescas, sem sementes, picadinhas
900 mL de Caldo de legumes (ver p. 8)
750 mL de suco ou polpa de tomate sem tempero (*passata*)
1 colher (sopa) de extrato de tomate
1 colher (sopa) de pasta de tomate seco
2 colheres (sopa) de molho de pimenta vermelha suave, ou a gosto
400 g de feijão-vermelho ou jalo cozido, sem o caldo
2 colheres (sopa) de coentro fresco picadinho
sal e pimenta-do-reino
raspas de limão para guarnecer (opcional)

para servir
75 mL de creme de leite azedo (ver Dica da p. 17) ou *crème fraîche* (ver Dica da p. 62)
tortilla chips

1 Aqueça o óleo numa panela grande, junte a cebola e o alho e refogue até amolecer, mas sem dourar. Adicione o pimentão vermelho e a pimenta fresca e refogue por mais alguns minutos. Junte o caldo de legumes e o suco ou polpa de tomate, o extrato e a pasta de tomate seco, o molho de pimenta, o feijão e o coentro. Aqueça até ferver, então abaixe o fogo para o mínimo, tampe e cozinhe por 30 minutos.

2 Espere esfriar um pouco e, usando um mixer ou liquidificador, bata até obter um creme liso. Coloque o creme de volta na panela, experimente-o e corrija o tempero, se necessário. Aqueça-o até ferver e sirva em tigelas previamente aquecidas. Guarneça cada porção com uma colherada de creme de leite azedo ou *crème fraîche* e raspas de limão, se desejar. Sirva a sopa acompanhada de *tortilla chips*.

sopa de lentilha com manteiga de especiarias

rendimento **4 porções**
tempo de preparo **10 min**
tempo de cozimento **25-30 min**

2 colheres (sopa) de azeite de oliva
2 cebolas picadas
2 folhas de louro
175 g de lentilha seca, lavada e escorrida
1 L de Caldo de legumes (ver p. 8)
½ colher (chá) de cúrcuma em pó
um punhadinho de folhas de coentro fresco grosseiramente picadas
sal e pimenta-do-reino

manteiga de especiarias
50 g de manteiga sem sal, amolecida
1 dente de alho grande amassado
1 colher (sopa) de coentro fresco picado
1 colher (chá) de páprica
1 colher (chá) de sementes de cominho
1 pimenta vermelha fresca, sem sementes e picadinha

1 Aqueça o azeite numa panela grande, junte a cebola e refogue por 3 minutos. Adicione o louro, a lentilha, o caldo de legumes e a cúrcuma. Espere ferver, então abaixe o fogo para o mínimo, tampe e cozinhe por 20 minutos, ou até que a lentilha comece a desmanchar.

2 Enquanto isso, prepare a manteiga de especiarias: bata a manteiga com o alho, o coentro, a páprica, o cominho e a pimenta fresca e coloque a mistura numa tigelinha.

3 Junte as folhas de coentro à sopa, tempere a gosto com sal e pimenta-do-reino e sirva em pratos previamente aquecidos, acompanhada da manteiga de especiarias – que deve ser servida num recipiente à parte, para ser misturada à sopa.

sopa picante de frango e pimentão vermelho

rendimento **4 porções**
tempo de preparo **20 min** (mais o tempo de gelar)
tempo de cozimento **50 min**

3 pimentões vermelhos cortados ao meio, sem sementes e sem a parte branca
1 cebola roxa cortada em quatro
2 dentes de alho com a casca
2 colheres (chá) de cinco especiarias chinesas*
150 g de filé de frango
1 colher (chá) de azeite de oliva
um pedaço de 5 cm de gengibre fresco, descascado e ralado
1 colher (chá) de cominho em pó
1 colher (chá) de semente de coentro em pó
1 batata grande picada
900 mL de Caldo de galinha (ver p. 9)
sal e pimenta-do-reino
4 colheres (sopa) de *fromage blanc*, para servir (se não encontrar, use requeijão ou outro queijo branco suave e cremoso)

1 Coloque o pimentão, a cebola e o alho numa assadeira antiaderente. Leve ao forno preaquecido a 200°C por 40 minutos, ou até que os pimentões fiquem com a casca chamuscada, e a cebola e o alho fiquem bem macios. Se a cebola começar a ficar muito escura, cubra-a com pedaços de pimentão.

2 Enquanto isso, polvilhe as cinco especiarias chinesas sobre os filés de frango e grelhe em fogo médio por uns 20 minutos, até que formem uma casquinha caramelizada. Corte-os em tiras e reserve.

3 Enquanto o frango é grelhado, aqueça o azeite numa panela e refogue o gengibre, o cominho e o coentro em fogo baixo por 5 minutos, até obter uma pasta macia. Junte a batata e mexa bem, tempere com sal e pimenta-do-reino a gosto e acrescente o caldo de galinha. Cozinhe em fogo baixo, com a panela tampada, por 30 minutos.

4 Tire os grelhados do forno. Coloque os pimentões num saquinho plástico. Vede bem e espere esfriar um pouco. (O vapor produzido facilitará a remoção da casca.) Junte a cebola ao refogado de batata e esprema com cuidado a polpa do alho assado dentro da panela. Retire a casca dos pimentões e adicione à sopa. Cozinhe em fogo bem baixo por 5 minutos.

5 Usando um mixer ou liquidificador, bata a sopa por alguns segundos – em duas etapas, se necessário – até começar a ficar cremosa. Leve de volta à panela e dilua com um pouco de água, se estiver muito espessa. Acrescente o frango e cozinhe em fogo baixo por 5 minutos.

6 Sirva a sopa em pratos previamente aquecidos, guarnecidos com uma colherada do *fromage blanc* no centro.

*N.T.: Mistura oriental de 5 temperos moídos, em partes iguais: pimenta *szechuan*, canela, cravo, semente de funcho (ou erva-doce) e anis-estrelado. Pode ser encontrada em mercados orientais.

sopa de grão-de-bico com cordeiro e especiarias

rendimento **6 porções**
tempo de preparo **10 min** (mais o tempo de molho)
tempo de cozimento **2½ horas**

50 g de grão-de-bico deixado de molho em água fria de um dia para o outro
50 g de feijão-fradinho deixado de molho em água fria de um dia para o outro
50 g de *trahana* ou trigo para quibe
500 g de pescoço de cordeiro em 4 pedaços
4 colheres (sopa) de azeite de oliva
1 cebola picada
2 cenouras picadas
1 lata (425 g) de tomate pelado picado
4 pimentas vermelhas pequenas
4 ramos de tomilho
1 colher (chá) de cada um destes condimentos: coentro, cominho e canela, todos em pó
½ colher (chá) de hortelã seco
½ colher (chá) de orégano
sal e pimenta-do-reino

para servir
azeite de oliva
pão rústico

1 Escorra o grão-de-bico e o feijão, enxágue-os em água corrente fria e escorra novamente. Coloque-os em panelas separadas, cubra com bastante água fria e leve ao fogo. Assim que ferver, abaixe o fogo para o mínimo e cozinhe por 1 hora. Escorra os grãos e reserve o caldo.

2 Coloque o feijão e o grão-de-bico cozidos em uma caçarola de barro ou em outra que possa ir ao forno. Junte os demais ingredientes e cubra-os com o caldo reservado, acrescentando mais água, se necessário.

3 Tampe bem e leve ao forno preaquecido a 180°C por 1½ hora, ou até que todos os ingredientes fiquem macios.

4 Sirva em cumbuca de sopa regada com um fio de azeite e acompanhada de pão rústico.

sopa mexicana com salsa de abacate

rendimento **4 porções**
tempo de preparo **cerca de 20 min**
tempo de cozimento **45 min**

2 colheres (sopa) de óleo de girassol
1 cebola grande picada
2 dentes de alho amassados
2 colheres (chá) de semente de coentro em pó
1 colher (chá) de cominho em pó
1 pimentão vermelho sem sementes e sem a parte branca, em cubinhos
3 pimentas vermelhas frescas, sem sementes, em rodelinhas
425 g de feijão-vermelho ou jalo cozido, sem o caldo e enxaguado
750 mL de suco de tomate
1 a 2 colheres (sopa) de molho de pimenta vermelha
25 g de *tortilla chips* trituradas
sal e pimenta-do-reino
ramos de coentro fresco, para guarnecer

salsa de abacate
1 abacate *avocado* pequeno e maduro
4 ramos de cebolinha bem picada
1 colher (sopa) de suco de limão-siciliano
1 colher (sopa) de coentro fresco picado
sal e pimenta-do-reino

1 Aqueça o óleo numa panela grande. Junte a cebola, o alho, as especiarias, o pimentão vermelho e $^2/_3$ da pimenta fresca. Refogue em fogo baixo por 10 minutos. Junte o feijão, o suco de tomate e o molho de pimenta. Aqueça até ferver, então abaixe o fogo para o mínimo, tampe e cozinhe levemente por 30 minutos.

2 Enquanto isso, para fazer a *salsa*, descarte o caroço do abacate, retire a polpa da casca e corte em cubinhos. Coloque numa tigela e junte a cebolinha, o suco de limão e o coentro fresco. Tempere a gosto com sal e pimenta-do-reino, tampe a tigela com filme plástico e reserve.

3 Usando um mixer ou liquidificador, bata a sopa com a *tortilla* triturada. Coloque numa panela limpa, tempere com sal e pimenta-do-reino a gosto e aqueça bem. Sirva o creme imediatamente, em pratos previamente aquecidos, acompanhado da *salsa* de abacate. Decore com as rodelinhas de pimenta reservadas e os ramos de coentro fresco.

pepperpot jamaicano

rendimento **6-8 porções**
tempo de preparo **30-35 min**
tempo de cozimento **cerca de 1¼ hora**

1 kg de músculo ou outra carne para ensopado cortada em cubinhos
250 g de carne de porco magra cortada em cubos
2,5 L de água
24 quiabos limpos e cortados em rodelas grossas
500 g de couve picada grosseiramente
500 g de folhas de espinafre, sem o talo, e picadas grosseiramente
2 pimentões verdes grandes sem sementes e sem a parte branca, grosseiramente picados
2 ramos de cebolinha grosseiramente picados
1 ramo de tomilho fresco, ou ¼ de colher (chá) de tomilho seco
¼ de colher (chá) de pimenta caiena
500 g de mandioca amarela em rodelas finas
1 batata grande em rodelas finas
1 dente de alho amassado ou picadinho
sal

1 Leve a carne e a água ao fogo numa panela grande. Assim que ferver, abaixe para o mínimo e cozinhe por cerca de 30 minutos, com a panela parcialmente tampada.

2 Junte o quiabo, a couve, o espinafre, os pimentões verdes, a cebolinha, o tomilho e a pimenta caiena. Cozinhe em fogo médio, com a panela parcialmente tampada, por 15 minutos.

3 Junte a mandioca, a batata e o alho e cozinhe por mais 20 minutos, ou até que a mandioca e a batata fiquem macias. Acrescente mais água se a sopa estiver muito espessa. Tempere a gosto com sal. Sirva bem quente, em uma sopeira aquecida.

callaloo

rendimento **6 porções**
tempo de preparo **15 min**
tempo de cozimento **35 min**

3 colheres (sopa) de óleo de amendoim
1 cebola grande picadinha
4 ramos de cebolinha bem picados
2 dentes de alho amassados
1 pimenta vermelha sem sementes e picadinha
1 colher (chá) de cúrcuma em pó
folhas de 1 ramo de tomilho fresco
250 g de quiabo em rodelas finas
500 g de folhas de taioba ou espinafre sem o talo e picadas grosseiramente
900 mL de Caldo de legumes ou de galinha (ver pp. 8 e 9)
alguns pistilos de açafrão
425 mL de leite de coco
250 g de carne de siri fresca ou congelada
suco de 1/2 limão Taiti
algumas gotas de molho de pimenta vermelha
sal e pimenta-do-reino

1 Aqueça o óleo numa panela grande, junte a cebola, a cebolinha e o alho e refogue em fogo baixo por 5 minutos, ou até amolecerem. Junte a pimenta vermelha, a cúrcuma e o tomilho e refogue, mexendo por 1 a 2 minutos.

2 Acrescente o quiabo e a taioba ou espinafre picados. Aumente o fogo e cozinhe, mexendo até que a verdura comece a murchar. Abaixe o fogo, adicione o caldo e o açafrão. Aqueça até ferver, então abaixe o fogo para o mínimo, tampe e cozinhe por 20 minutos.

3 Junte o leite de coco e a carne de siri e mexa bem. Aqueça em fogo baixo por 4 a 5 minutos. Depois, tempere a gosto com sal e pimenta-do-reino. Quando for servir, junte o suco de limão e o molho de pimenta vermelha.

caldeirada marroquina

rendimento **6-8 porções**
tempo de preparo **cerca de 35 min**
tempo de cozimento **cerca de 40 min**

3 colheres (sopa) de azeite de oliva
2 cebolas picadas
2 talos de salsão fatiados
4 dentes de alho amassados
1 pimenta vermelha sem sementes e picada
½ colher (chá) de cominho em pó
1 pau de canela
½ colher (chá) de semente de coentro em pó
2 batatas grandes picadas
1,5 L de Caldo de peixe (ver p. 10) ou água
3 colheres (sopa) de suco de limão-siciliano
2 kg de uma mistura de peixes e frutos do mar, limpos e cortados em bocados
4 tomates bem maduros e suculentos, sem pele e sem sementes (se desejar), picados
1 maço grande com endro, salsinha e coentro fresco picadinho
sal e pimenta-do-reino

1 Aqueça o azeite numa panela grande. Junte a cebola e o salsão e refogue até amolecerem e ficarem transparentes. Junte o alho e a pimenta e refogue por mais alguns segundos. Acrescente o cominho, a canela e a semente de coentro em pó e refogue por 1 minuto. Depois, junte as batatas e refogue, mexendo por mais 2 minutos.

2 Junte o caldo ou a água e o suco de limão e cozinhe em fogo bem baixo, sem tampar a panela, por uns 20 minutos, ou até que as batatas fiquem cozidas.

3 Junte a mistura de peixes e frutos do mar, o tomate, as ervas, acrescente sal e pimenta-do-reino a gosto e cozinhe até que o peixe e os frutos do mar fiquem macios. Sirva em pratos previamente aquecidos.

dica Qualquer mistura de peixes e frutos do mar pode ser usada nesta sopa, com exceção dos peixes mais oleosos, como a cavala e a sardinha. As sobras (cabeças, barbatanas, caudas e espinhas) podem ser usadas para preparar o caldo de peixe.

sopa de wonton

rendimento **4 porções**
tempo de preparo **25 min**
tempo de cozimento **15 min**

20 quadrados de massa de *wonton*
1,2 L de Caldo de galinha (ver p. 9)
2 chalotas roxas ou 1 cebola pequena, picadinhas
um pedaço de 2,5 cm de gengibre fresco descascado e cortado em fatias finas
1 colher (chá) de açúcar refinado
4 ramos de cebolinha bem picados
1/2 colher (sopa) de molho de soja light
1 colher (chá) de vinagre de arroz
um punhado de salsinha grosseiramente picado
1 colher (chá) de óleo de gergelim
sal e pimenta-do-reino
pimenta conservada em óleo, para servir

recheio

125 g de peixe magro ou camarão
125 g de carne de siri
2 ramos de cebolinha bem picados
um pedaço de 2,5 cm de gengibre fresco descascado e picadinho
1 dente de alho amassado

1 Primeiramente, prepare o recheio. Pique muito bem o peixe ou camarão e a carne de siri e junte a cebolinha, o gengibre e o alho, ou coloque todos os ingredientes num processador de alimentos e bata até obter uma pasta.

3 Coloque uma colher (chá) de recheio no centro de um quadrado de massa de *wonton*, pincele a borda com um pouco de água e dobre uma ponta sobre o recheio, formando um triângulo. Se quiser, junte as pontas opostas, formando um capelete. Repita o procedimento com o recheio e a massa restantes. Mantenha os quadrados de massa cobertos com um pano úmido enquanto trabalha, para que não ressequem.

3 Coloque o caldo numa panela com a chalota ou a cebola e o gengibre fatiado e leve ao fogo. Assim que ferver, abaixe para o mínimo e junte o açúcar e os *wontons*. Cozinhe por 5 minutos.

4 Acrescente a cebolinha, o molho de soja, o vinagre e a salsinha e tempere com sal e pimenta-do-reino a gosto. Pouco antes de servir, junte o óleo de gergelim. Sirva a sopa em tigelinhas aquecidas, acompanhada de pimenta conservada em óleo.

sopa de camarão azedinha e picante

rendimento **4 porções**
tempo de preparo **20 min** (mais o tempo de molho)
tempo de cozimento **35-40 min**

500 g de camarão grande e com casca
1 colher (sopa) de óleo de girassol
2 ramos de cebolinha grosseiramente picados
um pedaço de 2,5 cm de gengibre fresco descascado e picado
1 pimenta pequena, vermelha ou verde, sem sementes e picadinha
2 folhas de limão *kaffir* rasgadas, ou a casca de 1 limão Taiti cortada em tirinhas
2 talos de erva-cidreira, esmagados e cortados em palitos de 2,5 cm de comprimento, ou 1 colher (sopa) de talo de erva-cidreira desidratado, picado e deixado de molho em água quente por 30 minutos
1,2 L de Caldo de galinha (ver p. 9)
2 a 4 colheres (sopa) de suco de limão Taiti
75 g de macarrão oriental fino de ovos ou de arroz
125 g de cogumelos *pleurotus* pequenos

para guarnecer

2 ramos de cebolinha cortados em tiras finas, no sentido do comprimento
ramos de coentro fresco

1 Tire e reserve a casca do camarão e limpe a linha preta do intestino. Enxágue e reserve.

2 Numa panela, aqueça o óleo, junte a cebolinha, o gengibre e a pimenta e refogue em fogo baixo, sem deixar dourar, por 5 minutos. Junte as cascas de camarão reservadas e refogue por mais 3 minutos. Acrescente as folhas ou cascas de limão, o talo de erva-cidreira (se estiver usando o talo desidratado, junte também a água em que ficou de molho), o caldo de galinha e 2 colheres (sopa) de suco de limão. Assim que ferver, abaixe o fogo para o mínimo e cozinhe por 20 minutos.

3 Enquanto isso, cozinhe o macarrão de acordo com as instruções da embalagem. Escorra e reserve.

4 Passe o caldo por uma peneira fina apoiada sobre uma panela limpa. Experimente e junte mais suco de limão, se necessário. Leve novamente ao fogo. Quando ferver, abaixe o fogo até a temperatura mínima, junte o camarão e cozinhe por uns 2 minutos, até ele ficar opaco. Junte os cogumelos e cozinhe por mais 1 a 2 minutos, ou até que fiquem macios. Acrescente o macarrão e aqueça bem. Sirva a sopa em tigelas previamente aquecidas, polvilhada com as tiras de cebolinha e os ramos de coentro.

laksa da Malásia

rendimento **4 porções**
tempo de preparo **15 min**
tempo de cozimento **25-30 min**

3 colheres (sopa) de óleo de amendoim
2 cebolas grandes picadinhas
4 dentes de alho amassados
3 pimentas-malagueta picadinhas
75 g de amendoim torrado e picado
1 colher (sopa) de semente de coentro em pó
1 colher (sopa) de cominho em pó
2 colheres (chá) de cúrcuma em pó
1,2 L de leite de coco
1 colher (chá) de pasta de camarão fermentado
1 a 2 colheres (sopa) de açúcar, ou a gosto
375 g de frango cozido e desfiado
175 g de broto de feijão
500 g de macarrão de arroz do tipo largo (vendido apenas fresco, em mercados orientais)
4 ramos de cebolinha picados
3 colheres (sopa) de folhas de coentro fresco picadas
sal e pimenta-do-reino

para servir
4 ramos de cebolinha picados
1 pimenta vermelha grande em rodelas finas
1 a 2 colheres (sopa) de amendoim torrado e picado

1 Aqueça o óleo numa panela, junte a cebola e refogue até dourar. Acrescente o alho, a pimenta, o amendoim, a semente do coentro em pó, o cominho e a cúrcuma e refogue por mais 2 a 3 minutos, ou até que os temperos fiquem dourados e bem perfumados.

2 Adicione o leite de coco e a pasta de camarão fermentado, tampe e cozinhe em fogo brando por 15 minutos. Tempere com sal, pimenta-do-reino e açúcar a gosto. Acrescente o frango desfiado e a metade do broto de feijão e cozinhe por 5 minutos.

3 Mergulhe o macarrão de arroz em água fervente por alguns segundos e divida em quatro tigelas grandes. Polvilhe com a cebolinha e o coentro fresco picados e distribua o broto de feijão restante entre as tigelas.

4 Usando uma concha, distribua o caldo temperado entre as tigelas e sirva, acompanhado da cebolinha, da pimenta e do amendoim torrado, que devem ser colocados em potinhos separados.

caldo oriental de carne e macarrão de arroz

rendimento **4-6 porções**
tempo de preparo **25 min**
tempo de cozimento **2¼ horas**

500 g de bife grosso de acém
1,8 L de Caldo de carne (ver p. 11) ou água
4 anises-estrelados
1 pau de canela grande
1 colher (chá) de grãos de pimenta-do-reino preta
4 chalotas, em rodelas finas, ou 2 cebolinhas de cabeça grande
4 dentes de alho amassados
7 cm de gengibre fresco em fatias finas
125 g de broto de feijão
250 g de macarrão de arroz do tipo largo
6 ramos de cebolinha em rodelas
um punhado de folhas de coentro fresco
250 g de bife bovino em fatias finas
2 colheres de *nam pla* (molho de peixe)
sal e pimenta-do-reino
pimenta-malagueta, para guarnecer

molho nuoc cham

2 pimentas vermelhas picadas
1 dente de alho
1½ colher (sopa) de açúcar refinado
1 colher (sopa) de suco de limão Taiti
1 colher (sopa) de vinagre de arroz
3 colheres (sopa) de *nam pla*
4 colheres (sopa) de água

para servir

broto de feijão
cebolinha miúda fatiada
1 pimenta vermelha grande em rodelas

1 Aqueça bem uma frigideira grande e doure o acém dos dois lados, até que comece a ficar chamuscado.

2 Coloque a carne num caldeirão e junte o caldo ou a água, o anis, a canela, a pimenta-do-reino, 2 chalotas ou 1 cebolinha de cabeça grande, o alho e o gengibre. Aqueça até ferver, retirando com uma escumadeira a espuma que subir à superfície. Ferva por uns 10 minutos. Abaixe o fogo para o mínimo, tampe e cozinhe por cerca de 2 horas, ou até a carne ficar macia.

3 Escalde o broto de feijão em água fervente por 1 minuto.

4 Em outra panela, cozinhe o macarrão em água fervente por 3 a 4 minutos, ou até que fique cozido. Não cozinhe demais. Escorra bem e divida entre 4 tigelas. Arrume o broto de feijão, a cebolinha, o coentro fresco e a cebolinha de cabeça ou chalota restantes sobre o macarrão.

5 Para fazer o molho *nuoc cham*, amasse a pimenta picada, o alho e o açúcar num pilão até obter uma pasta. Junte o suco de limão, o vinagre, o molho de peixe e a água e misture bem. Coloque o molho numa tigelinha.

6 Quando a carne do caldo estiver macia, retire-a da panela, corte em fatias finas e divida entre as tigelas de sopa. Por cima, distribua as fatias finas de bife cruas e algumas malaguetas.

7 Coe o caldo, coloque de volta na panela e tempere a gosto com molho de peixe, sal e pimenta-do-reino. Despeje o caldo quente sobre os ingredientes das tigelas e sirva imediatamente, acompanhado do molho *nuoc cham* e de um prato contendo o broto de feijão restante, a cebolinha e a pimenta vermelha fatiada.

sopas para aquecer o inverno

A refeição completa e perfeita num prato só – não há nada mais reconfortante e gratificante que uma sopa. As receitas deste capítulo são encorpadas com tubérculos, leguminosas e grãos, e incluem acompanhamentos deliciosos, como *croûtons* de alho, queijo parmesão e creme de leite azedo.

sopa creme de aipo-rábano com bolinhas de funghi porcini

rendimento **4-6 porções**
tempo de preparo **25 min** (mais o tempo de molho e de gelar)
tempo de cozimento **35-40 min**

50 g de manteiga
2 chalotas ou 1 cebola, picadas
1 dente de alho amassado
500 g de aipo-rábano (se não encontrar, use nabo), em cubinhos
900 mL de Caldo de legumes ou galinha (ver pp. 8 e 9)
300 mL de creme de leite fresco ou leite
sal e pimenta-do-reino
queijo parmesão ralado, para servir

bolinhas de funghi
5 g de *funghi porcini* seco
25 g de manteiga
1 chalota, ou 1/2 cebola pequena, picadinha
175 g de ricota
25 g de queijo parmesão ralado
2 gemas batidas
2 colheres (sopa) de farinha de trigo, e mais um pouco para enrolar
sal e pimenta-do-reino

1 Para fazer as bolinhas, coloque o *funghi* numa tigela e cubra com água quente. Deixe de molho por 30 minutos. Escorra numa peneira fina, reservando o líquido. Enxágue os cogumelos em água fria, pique bem fino e reserve.

2 Numa panela pequena, derreta a manteiga em fogo baixo. Junte a chalota e refogue por 5 a 6 minutos, sem deixar dourar, ou até que amoleça. Coloque numa tigela, junte os demais ingredientes e misture até obter uma massa macia. Tempere a gosto com sal e pimenta-do-reino. Tampe e leve à geladeira por 30 a 60 minutos. Depois, com as mãos ligeiramente enfarinhadas, enrole cerca de 30 bolinhas, passe-as pela farinha e reserve.

3 Para fazer a sopa, derreta a manteiga numa panela, em fogo médio, junte a chalota ou cebola e o alho e refogue por 5 minutos, sem deixar dourar. Junte o aipo-rábano, tampe e cozinhe por 5 a 10 minutos, ou até que comece a ficar macio. Junte o caldo. Assim que ferver, abaixe o fogo para o mínimo e cozinhe por 10 a 15 minutos.

4 Usando um mixer ou liquidificador, bata a sopa até obter um creme liso. Leve de volta à panela, junte o creme de leite ou o leite e tempere com sal e pimenta-do-reino a gosto. Aqueça sem deixar ferver.

5 Em outra panela, aqueça água com um pouco de sal até ferver. Junte as bolinhas de *funghi* e cozinhe, em fogo baixo, por 3 a 4 minutos. Escorra bem e junte ao creme pouco antes de servir. Sirva a sopa em tigelas previamente aquecidas, polvilhada com o parmesão ralado.

sopa de castanha-portuguesa

rendimento **6 porções**
tempo de preparo **20 min** (mais o tempo do molho – se for usar castanhas secas)
tempo de cozimento **45 min-1 hora**

- 750 g de castanha-portuguesa fresca ou 400 g de castanha seca, deixada de molho em água fria de um dia para o outro
- 125 g de manteiga
- 150 g de *pancetta* ou bacon em fatias, picado
- 2 cebolas picadinhas
- 1 cenoura picada
- 1 talo de salsão picado
- 2 dentes de alho cortados ao meio
- 1 colher (sopa) de alecrim picado
- 2 folhas de louro
- sal e pimenta-do-reino
- ramos de alecrim, para guarnecer

1 Se estiver usando castanhas frescas, com uma faquinha afiada, faça uma cruz no lado arredondado de cada uma delas. Coloque-as numa panela, cubra com água fria e leve ao fogo. Ferva, abaixe o fogo para o mínimo e cozinhe por 15 a 20 minutos. Escorra e descarte a água. Retire a casca externa e a película que recobre as castanhas, pois ela tem um sabor amargo.

2 Derreta a manteiga numa panela grande, junte a *pancetta* ou o bacon. Refogue em fogo médio até começar a dourar. Junte a cebola, a cenoura e o salsão e refogue por mais 5 a 10 minutos, ou até que fiquem macios.

3 Acrescente a castanha (e a água em que ficaram de molho, se estiver usando a castanha seca), o alho, o alecrim, o louro e água suficiente para cobrir os ingredientes. Ferva, abaixe o fogo para o mínimo e cozinhe por 30 minutos, mexendo de vez em quando. Tempere com sal e pimenta-do-reino. Sirva decorada com alecrim, em tigelas previamente aquecidas.

sopa creme de batata-doce

rendimento **6-8 porções**
tempo de preparo **15 min**
tempo de cozimento **50 min-1 hora**

4 a 6 fatias de bacon defumado com bastante carne e sem o couro
25 g de manteiga
1 cebola picada
2 cenouras em rodelas
2 talos de salsão fatiados
1 folha de louro
750 g de batata-doce alaranjada, em rodelas
250 g de batata em rodelas
1,2 L de Caldo de galinha (ver p. 9)
150 mL de água
125 mL de vinho branco seco
1/4 de colher (chá) de noz-moscada em pó
1/4 de colher (chá) de pimenta-do-reino branca
sal

1 Aqueça o bacon numa frigideira em fogo brando até a gordura derreter. Depois, aumente o fogo e frite em fogo médio até que fique bem crocante. Usando uma escumadeira, coloque o bacon em um pedaço de papel-toalha e deixe escorrer.

2 Junte a manteiga à gordura que ficou na frigideira e refogue a cebola, a cenoura, o salsão e o louro em fogo baixo por 5 a 8 minutos, mexendo sempre.

3 Coloque esse refogado numa panela. Junte a batata-doce, a batata, o caldo de galinha, a água e o vinho. Espere ferver, então abaixe o fogo para o mínimo e cozinhe, com a panela tampada, por 35 a 40 minutos, ou até que as batatas estejam macias. Descarte o louro.

4 Usando um mixer ou liquidificador, bata a sopa até obter um creme liso. Coloque numa panela limpa. Adicione a noz-moscada, a pimenta-do-reino branca e sal a gosto. Leve ao fogo médio, mexendo até que o creme esteja bem quente.

5 Sirva em tigelas previamente aquecidas, guarnecidas com o bacon frito.

sopa de tomate com pão

rendimento **4 porções**
tempo de preparo **10 min**
tempo de cozimento **cerca de 35 min**

1 kg de tomate bem maduro, sem pele e sem sementes, picado
300 mL de Caldo de legumes (ver p. 8)
6 colheres (sopa) de azeite de oliva
2 dentes de alho amassados
1 colher (chá) de açúcar
2 colheres (sopa) de manjericão picado
100 g de pão branco amanhecido e sem a casca
1 colher (sopa) de vinagre balsâmico
sal e pimenta-do-reino
pesto, para servir (opcional)

1 Coloque o tomate numa panela com o caldo, 2 colheres (sopa) do azeite, o alho, o açúcar e o manjericão. Aqueça em fogo brando até ferver. Abaixe o fogo para o mínimo e cozinhe, com a panela tampada, por 30 minutos.

2 Esmigalhe o pão sobre a sopa e cozinhe em fogo baixo, mexendo até engrossar. Adicione o vinagre balsâmico e o azeite restante e tempere a gosto com sal e pimenta-do-reino. Se desejar, ao servir, junte uma colherada de pesto a cada tigela de sopa e mexa.

sopa creme de couve com croûtons de alho

rendimento **8-10 porções**
tempo de preparo **20-25 min**
tempo de cozimento **cerca de 45 min**

50 g de manteiga
1 cebola picada
2 cenouras em rodelas
500 g de couve, sem a parte mais grossa do talo
1,2 L de água
600 mL de Caldo de legumes (ver p. 8)
1 colher (sopa) de suco de limão-siciliano
300 g de batata em rodelas
uma pitada de noz-moscada em pó
sal e pimenta-do-reino
2 folhas de couve picadas bem fino, para guarnecer
óleo para fritar a couve
croûtons de alho, para servir (ver Dica)

dica Para fazer os *croûtons* de alho, descarte a casca de 2 fatias de pão branco. Com cuidado, esfregue o lado cortado de um dente de alho sobre toda a superfície do pão, depois corte em cubos. Aqueça 1 colher (sopa) de óleo numa frigideira de fundo grosso e toste os cubos, mexendo sem parar por 1 a 2 minutos, ou até que fiquem dourados e crocantes.

1 Numa panela grande, derreta a manteiga, junte a cebola e refogue em fogo médio, mexendo sempre até amolecer, mas sem dourar. Adicione a cenoura e a couve aos poucos, mexendo sempre. Cozinhe por 2 minutos. Acrescente a água, o caldo de legumes, o suco de limão, a batata, a noz-moscada, e tempere com sal e pimenta-do-reino a gosto. Espere ferver, mexendo de vez em quando. Abaixe o fogo para o mínimo, tampe e cozinhe por 30 a 35 minutos, ou até que os ingredientes estejam cozidos.

2 Usando um mixer ou liquidificador, bata a sopa até obter um creme liso. Coloque numa panela limpa. Se estiver muito espessa, acrescente um pouco de água.

3 Coloque as folhas de couve numa panela com óleo e frite, mexendo sempre até que fiquem crocantes.

4 Corrija o tempero da sopa e aqueça-a novamente, sem deixar ferver. Sirva em tigelas previamente aquecidas, acompanhada dos *croûtons* de alho e da couve frita.

sopa creme de abóbora com maçã

rendimento **4-5 porções**
tempo de preparo **15 min**
tempo de cozimento **30 min**

- 2 colheres (sopa) de manteiga
- 1 cebola grande picada grosseiramente
- 2 colheres (chá) de tomilho fresco, picado
- 2 maçãs ácidas e firmes (como, Golden Delicious, Granny Smith ou McIntosh), sem casca e sem sementes, picadas grosseiramente
- 3 colheres (sopa) de açúcar mascavo escuro
- 2 colheres (sopa) de molho de mostarda em grão
- 1 abóbora pequena (cerca de 750 g), sem casca e sem sementes, em pedaços
- 1 L de Caldo de legumes (ver p. 8)
- 125 g de *crème fraîche* (ver Dica da p. 62)
- sal e pimenta-do-reino
- sementes de abóbora sem casca, para servir

1 Derreta a manteiga numa panela grande. Junte a cebola e o tomilho e refogue em fogo brando. Mexa por 5 minutos ou até que amoleça e comece a dourar. Acrescente a maçã e o açúcar e cozinhe por 3 minutos.

2 Junte o molho de mostarda, a abóbora e o caldo de legumes e espere ferver. Abaixe o fogo para o mínimo, tampe e cozinhe por 20 minutos, ou até que a abóbora e a maçã fiquem bem cozidas e comecem a desmanchar.

3 Usando um mixer ou liquidificador, bata a sopa até obter um creme liso.

4 Adicione metade do *crème fraîche*, tempere a gosto com sal e pimenta-do-reino e aqueça em fogo baixo. Use uma concha para transferir a sopa para tigelinhas, coloque colheradas do *crème fraîche* restante no centro de cada uma e sirva, decoradas com as sementes de abóbora.

sopa creme de legumes ao forno

rendimento **4 porções**
tempo de preparo **15 min**
tempo de cozimento **cerca de 1¼ hora**

1 cebola grosseiramente picada
2 dentes de alho picados
2 cenouras grandes em rodelas finas
1 alho-poró em fatias grossas
1 pastinaca, ou 1 mandioquinha, em cubos
175 g de rutabaga (se não encontrar, use nabo-roxo ou outro tipo de nabo), em cubos
4 colheres (sopa) de azeite de oliva
2 colheres (chá) de mel de flor-de-laranjeira (ou outro de sabor suave)
4 ramos de tomilho
4 ramos de alecrim
2 folhas de louro
4 tomates bem maduros, cortados em quatro
1,2 L de Caldo de legumes (ver p. 8)
sal e pimenta-do-reino
torradas com manteiga, para servir

1 Misture os tubérculos e legumes com o azeite e o mel e coloque numa assadeira. Junte as ervas e leve ao forno preaquecido a 200°C por 50 a 60 minutos, ou até que fiquem dourados e macios. Acrescente os tomates à assadeira na metade do tempo de cozimento. Retire a assadeira do forno e abaixe a temperatura para 190°C.

2 Descarte as ervas e coloque o restante num processador de alimentos ou liquidificador. Acrescente metade do caldo de legumes e bata até obter um creme liso. Depois, junte o caldo restante.

3 Coloque a mistura numa panela com tampa que possa ir ao forno, tempere a gosto com sal e pimenta-do-reino e asse por 20 minutos, ou até que a sopa esteja bem quente. Sirva em pratos previamente aquecidos, acompanhada das torradas.

sopa camponesa de feijões e cogumelos

rendimento **4 porções**
tempo de preparo **10 min** (mais o tempo de molho)
tempo de cozimento **cerca de 1¼ hora**

25 g de cada um destes feijões: vermelho (ou jalo), carioca e fradinho, deixados de molho em água fria de um dia para o outro, escorridos e enxaguados
25 g de *funghi porcini* seco
1 colher (sopa) de azeite de oliva
2 chalotas, ou 1 cebola pequena, picadinhas
2 dentes de alho amassados
125 g de champignon fresco em cubos
2 colheres (sopa) de cheiro-verde picado, e mais um pouco para guarnecer
50 g de macarrão para sopa
1,2 L de Caldo de carne (ver p. 11) quente
sal e pimenta-do-reino

1 Coloque os feijões numa panela grande e cubra com água fria. Leve ao fogo alto. Assim que ferver, cozinhe por 10 minutos, retirando com uma escumadeira a espuma que subir à superfície. Abaixe o fogo para o mínimo, tampe e cozinhe por cerca de 1 hora, ou até que todos os grãos fiquem bem macios.

2 Enquanto isso, coloque o *funghi porcini* seco numa tigelinha refratária e junte água fervente até cobri-lo. Deixe de molho por 15 minutos, depois escorra, reservando o líquido.

3 Aqueça o azeite numa panela grande, junte a chalota e o alho e refogue por 3 minutos. Acrescente o champignon e mexa bem. Junte as ervas e o macarrão. Escorra o feijão e adicione os grãos à panela, junto com o caldo de carne quente, o líquido em que o *funghi porcini* seco ficou de molho, sal e pimenta-do-reino a gosto. Espere ferver, abaixe o fogo para o mínimo e cozinhe por cerca de 12 minutos. Sirva a sopa imediatamente, em tigelas previamente aquecidas, decorada com o cheiro-verde picado.

caldo saboroso de feijão-branco

rendimento **4 porções**
tempo de preparo **30 min** (mais o tempo de molho)
tempo de cozimento **cerca de 2¼ horas**

375 g de feijão-branco miúdo, deixado de molho em água fria de um dia para o outro
2 L de água
1 cenoura picada
1 cebola cortada em quatro
1 *bouquet garni* (amarrado de ervas)
125 g de presunto cozido defumado (*tender*) em cubinhos
40 g de manteiga
2 chalotas, ou 1 cebola pequena, picadinhas
1 dente de alho amassado
1 colher (sopa) de salsinha picada
sal e pimenta-do-reino
ramos de salsinha, para guarnecer
125 g de *croûtons*, para servir (ver p. 18)

1 Escorra bem o feijão, enxágue em água fria corrente e escorra novamente.

2 Coloque o feijão numa panela grande com a água na quantidade indicada e leve ao fogo médio. Cozinhe por cerca de 1½ hora, ou até que os grãos estejam macios. Acrescente a cenoura, a cebola, o *bouquet garni* e o presunto e cozinhe em fogo brando por mais 20 a 30 minutos. Descarte as ervas e, usando um mixer ou liquidificador, bata a sopa até obter um creme liso. Coloque de volta à panela e aqueça em fogo médio.

3 Derreta a manteiga numa panela de fundo grosso, junte a chalota e o alho e refogue em fogo brando até dourar ligeiramente. Coloque a salsinha picada e refogue, mexendo sem parar. Junte esse refogado à panela com o caldo de feijão.

4 Mexa bem com uma colher de pau, tempere com bastante sal e pimenta-do-reino e despeje em cumbucas previamente aquecidas. Polvilhe com *croûtons* e decore com os ramos de salsinha.

sopa goulash

rendimento **6-8 porções**
tempo de preparo **10-15 min**
tempo de cozimento **1 1/4 hora**

- 3 colheres (sopa) de óleo
- 750 g de carne bovina magra sem osso e cortada em tiras de 2,5 cm
- 2 cebolas picadas
- 2 dentes de alho amassados
- 2 talos de salsão fatiados
- 3 colheres (sopa) de páprica
- 1 colher (sopa) de sementes de alcaravia
- 1,2 L de Caldo de carne (ver p. 11)
- 600 mL de água
- 1/4 de colher (chá) de tomilho seco
- 2 folhas de louro
- 1/4 de colher (chá) de molho de pimenta vermelha, ou a gosto
- 3 colheres (sopa) de extrato de tomate
- 250 g de batata cortada em cubos de 1 cm
- 3 cenouras cortadas em cubos de 1 cm
- 6 a 8 colheres (chá) de creme de leite azedo (ver Dica da p. 17), para guarnecer (opcional)

1 Numa panela grande, aqueça o óleo em fogo médio e doure a carne em etapas. Conforme a carne for ficando dourada, coloque-a num prato forrado com papel-toalha para escorrer. Junte a cebola, o alho e o salsão ao óleo que ficou na panela e refogue até ficarem transparentes.

2 Tire a panela do fogo e misture a páprica, as sementes de alcaravia, o caldo de carne e a água. Adicione também o tomilho, o louro, o molho de pimenta vermelha e o extrato de tomate. Mexa bem e junte a carne. Leve ao fogo e, assim que ferver, abaixe-o para o mínimo e cozinhe, com a panela parcialmente tampada, por 30 minutos.

3 Junte a batata e a cenoura e cozinhe por mais 30 minutos, ou até que estejam macias. Descarte o louro. Sirva a sopa imediatamente, em pratos aquecidos e guarnecidos com uma colher de chá do creme de leite azedo, se desejar.

sopa espanhola de grão-de-bico

rendimento **8-10 porções**
tempo de preparo **15 min** (mais o tempo de molho)
tempo de cozimento **$2\frac{1}{2}$-$2\frac{3}{4}$ horas**

150 g de grão-de-bico, deixado de molho por 48 horas em água fria, ou por 12 horas se coberto com água fervente
1 joelho de porco defumado sem o osso (cerca de 500 a 750 g)
1 cebola com 4 cravos-da-índia espetados
2 dentes de alho amassados
1 folha de louro
1 ramo de tomilho, ou $\frac{1}{4}$ de colher (chá) de tomilho seco
1 ramo de manjerona, ou $\frac{1}{2}$ colher (chá) de manjerona seca
1 ramo de salsinha
1,8 L de água
1,8 L de Caldo de galinha (ver p. 9)
300 a 375 g de batata cortada em cubos de 1 cm
300 g de repolho-crespo verde em tiras finas
sal e pimenta-do-reino

1 Escorra bem o grão-de-bico, enxágue em água fria corrente e escorra novamente. Coloque o joelho de porco numa panela funda e cubra com água fria. Aqueça em fogo alto até ferver; então escorra, descartando a água.

2 Coloque o joelho de porco numa panela limpa. Junte o grão-de-bico, a cebola, o alho, o louro, o tomilho, a manjerona, a salsinha e a água. Aqueça até ferver, então abaixe o fogo para o mínimo e cozinhe, com a panela parcialmente tampada, por $1\frac{1}{2}$ hora. Descarte a cebola, o louro, o tomilho, a manjerona e a salsinha. Retire o joelho de porco da panela e corte-o em pedaços pequenos. Reserve.

3 Junte o caldo de galinha, a batata e o repolho à panela e cozinhe em fogo brando por 30 minutos. Acrescente a carne do joelho de porco reservada e cozinhe por mais 10 minutos. Tempere a gosto com sal e pimenta-do-reino. Sirva em tigelas previamente aquecidas.

la ribollita

rendimento **8 porções**
tempo de preparo **30 min** (mais o tempo de molho e de gelar)
tempo de cozimento **cerca de 3 horas**

150 mL de azeite de oliva
1 cebola picadinha
1 cenoura picada
1 talo de salsão picado
2 talos de alho-poró picadinhos
4 dentes de alho bem picados
1 repolho-branco pequeno cortado em tirinhas
1 batata grande picada
4 abobrinhas italianas picadas
200 g de feijão-branco miúdo, deixado de molho em água fria de um dia para o outro, escorrido e enxaguado
400 g de polpa de tomate sem tempero (*passata)*
2 ramos de alecrim
2 ramos de tomilho
2 ramos de sálvia
1 pimenta vermelha seca
2 L de água
500 g de *cavolo nero* ou repolho-crespo verde, em tirinhas
6 fatias grossas de pão branco rústico com casca
1 dente de alho amassado
sal e pimenta-do-reino preta

para servir
azeite de oliva
queijo parmesão ralado na hora

1 Aqueça o azeite numa panela grande, junte a cebola, a cenoura e o salsão. Refogue em fogo brando por uns 10 minutos, mexendo com frequência. Junte o alho-poró e o alho picadinho e refogue por mais 10 minutos. Adicione o repolho-branco, a batata e a abobrinha, mexa bem e refogue por mais 10 minutos, mexendo sempre.

2 Acrescente o feijão escorrido, a polpa de tomate, o alecrim, o tomilho, a sálvia, a pimenta seca, sal a gosto e bastante pimenta-do-reino preta. Junte a água (todos os ingredientes devem ficar imersos) e espere ferver, então abaixe o fogo para o mínimo e cozinhe, com a panela tampada, por pelo menos 2 horas, ou até que o feijão esteja bem macio.

3 Separe 2 a 3 conchas cheias de sopa numa tigela à parte e amasse bem. Depois ponha de volta na panela. Acrescente o *cavolo nero* ou o repolho-crespo, mexa bem e cozinhe por mais 15 minutos. Espere a sopa esfriar, tampe e leve à geladeira de um dia para o outro.

4 No dia seguinte, aqueça a sopa lentamente, corrija o tempero, se necessário, e junte o azeite restante. Torre o pão e esfregue toda a sua superfície com o dente de alho amassado. Arrume as fatias no fundo de uma sopeira ou em pratos individuais e despeje a sopa por cima. Regue com um fio de azeite e sirva, polvilhada com bastante parmesão ralado na hora.

risi e bisi com prosciutto crocante

rendimento **4 porções**
tempo de preparo **10 min**
tempo de cozimento **20-30 min**, mais **5-10 min** se as ervilhas forem frescas

3 colheres (sopa) de azeite de oliva
1 cebola picada
1,2 L de Caldo de galinha (ver p. 9)
200 g de arroz para *risotto*
uma pitada generosa de açúcar
750 g de ervilhas frescas, ou 250 g de ervilhas congeladas (descongele-as antes de usar)
4 fatias de presunto cru italiano (*prosciutto crudo*)
2 colheres (sopa) de salsinha picada
50 g de queijo parmesão ralado, e mais um pouco para servir
sal e pimenta-do-reino

1 Aqueça 2 colheres (sopa) do azeite numa panela grande e refogue a cebola, sem dourar, por 10 minutos ou até amolecer.

2 Junte o caldo e espere ferver, então abaixe o fogo e junte o arroz, mexendo. (Se estiver usando ervilhas frescas, junte-as ao caldo fervente e cozinhe em fogo baixo por 5 minutos antes de acrescentar o arroz.) Tempere com sal e pimenta-do-reino, e junte o açúcar. Tampe e cozinhe em fogo baixo, mexendo de vez em quando, por 15 a 20 minutos, ou até que o arroz esteja cozido. (Se estiver usando ervilhas congeladas, junte-as à sopa após 15 a 20 minutos.)

3 Corte cada fatia de presunto cru ao meio no sentido do comprimento. Aqueça o azeite restante numa frigideira grande, disponha as tiras de presunto lado a lado e frite em fogo alto por 10 a 15 segundos, ou até que estejam crocantes. Escorra em papel-toalha.

4 Acrescente a salsinha e o parmesão ralado à sopa. Sirva em tigelas previamente aquecidas, decoradas com 2 tiras do *prosciutto* crocante cada uma e um pouco de parmesão.

sopa de cevada com carne de porco e repolho

rendimento **6 porções**
tempo de preparo **15 min**
tempo de cozimento **55 min**

4 colheres (sopa) de azeite de oliva
1 dente de alho picado
1 cebola picada
1,2 L de Caldo de carne (ver p. 11)
750 mL de água
300 g de carne suína magra cortada em tiras de 1,5 cm
2 cenouras picadas
300 g de repolho-branco ou crespo verde grosseiramente picado
125 g de cevada perolada
300 g de batata cortada em cubos de 1 cm
sal e pimenta-do-reino

1 Aqueça o azeite numa panela grande, junte o alho e a cebola e refogue em fogo médio até amolecerem.

2 Junte o caldo de carne, a água, a carne de porco, a cenoura, o repolho e a cevada. Espere ferver, abaixe o fogo para o mínimo, tampe e cozinhe por 20 minutos.

3 Adicione a batata, sal e pimenta-do-reino a gosto. Se a sopa estiver muito espessa, acrescente um pouco mais de água. Tampe e cozinhe em fogo brando por mais 30 minutos. Mexa de vez em quando. Sirva em pratos previamente aquecidos.

sopa de gruyère com batata e bacon

rendimento **6-8 porções**
tempo de preparo **20 min**
tempo de cozimento **cerca de 25 min**

2 colheres (sopa) de azeite de oliva
3 fatias de bacon defumado com bastante carne e sem o couro, picadas
2 cebolas picadinhas
600 mL de Caldo de galinha (ver p. 9)
900 mL de água
625 g de batata cortada em cubos de 1 cm
4 colheres (sopa) de farinha de trigo
50 g de queijo *gruyère* ralado
1 colher (sopa) de xerez médio
1 colher (chá) de molho inglês
3 colheres (sopa) de salsinha bem picada
sal e pimenta-do-reino

1 Aqueça o azeite numa panela grande, junte o bacon e a cebola e refogue em fogo médio até que a cebola fique ligeiramente dourada. Junte o caldo de frango, 600 mL da água e a batata. Espere ferver, então abaixe o fogo para o mínimo e cozinhe, com a panela tampada, por 15 minutos, ou até que a batata esteja macia.

2 Numa tigelinha, bata a farinha com a água restante e junte à sopa, mexendo. Cozinhe, com a panela tampada e mexendo com frequência, por 5 minutos.

3 Bata o *gruyère* com cerca de 300 mL da sopa usando um mixer ou liquidificador. Ponha essa mistura de volta na panela, acrescente o xerez, o molho inglês, sal e pimenta-do-reino a gosto. Cozinhe em fogo brando por 3 a 5 minutos, junte a salsinha e sirva em tigelas previamente aquecidas.

sopa de hadoque defumado e arroz selvagem

rendimento **4 porções**
tempo de preparo **15 min**
tempo de cozimento **cerca de 1¼ hora**

75 g de arroz selvagem
250 g de hadoque defumado
600 mL de leite
1 folha de louro
50 g de manteiga
1 cebola grande picada
1 talo de alho-poró fatiado
1 talo de salsão picado
1 dente de alho amassado
1 colher (sopa) de folhas de tomilho fresco
900 mL de Caldo de galinha (ver p. 9)
uma pitada de noz-moscada em pó
125 g de milho verde
sal e pimenta-do-reino
2 colheres (sopa) de salsinha picada, para guarnecer

croûtons de bacon
3 colheres (sopa) de azeite de oliva
4 fatias de bacon ou *pancetta* sem o couro e cortados em tirinhas
2 fatias de pão sem a casca, cortadas ou rasgadas em pedaços de 1 cm

1 Coloque o arroz numa panelinha e cubra com água fria. Aqueça até ferver, então abaixe o fogo para o mínimo e cozinhe por 40 a 45 minutos, ou até que fique macio. Escorra e reserve.

2 Coloque o hadoque, o leite e o louro numa panela e aqueça até ferver, então abaixe o fogo para o mínimo e cozinhe por 8 a 10 minutos, ou até que o peixe esteja cozido. Retire o peixe da panela com uma escumadeira e espere esfriar. Descarte a pele e as espinhas e parta a carne em lascas usando um garfo. Coe o leite do cozimento e reserve.

3 Derreta a manteiga numa panela grande. Junte a cebola, o alho-poró, o salsão e o alho e refogue por 8 a 10 minutos, sem deixar dourar. Adicione o tomilho, o caldo de galinha e o leite reservado. Tempere com sal, pimenta-do-reino e noz-moscada. Assim que ferver, abaixe o fogo para o mínimo e cozinhe por 10 minutos. Acrescente o milho verde e cozinhe por 5 minutos. Junte o arroz e as lascas de peixe e aqueça por alguns minutos. Corrija o tempero a gosto.

4 Para preparar os *croûtons* de bacon, aqueça o azeite numa frigideira grande, em fogo médio. Junte o bacon e frite por 5 a 6 minutos, ou até que fique crocante.

5 Retire-o com uma escumadeira e escorra em papel-toalha. Junte o pão à frigideira e frite por 4 a 5 minutos, mexendo sempre, até que fique crocante e dourado. Escorra em papel-toalha.

6 Sirva a sopa em tigelas previamente aquecidas, polvilhada com os *croûtons* de bacon e a salsinha picada.

sopa chinesa oito tesouros

rendimento **4-6 porções**
tempo de preparo **15-20 min**
tempo de cozimento **cerca de 15 min**

1,2 L de Caldo de galinha (ver p. 9) ou água
50 g de ervilha
50 g de milho verde
1 peito de frango pequeno (cerca de 100 g), sem pele e sem osso, cortado em tirinhas bem finas
75 g de cogumelo *shiitake* fresco, sem o talo, cortado em fatias bem finas
3 colheres (sopa) de molho de soja, ou a gosto
2 colheres (sopa) de saquê ou xerez seco
1 colher (sopa) de amido de milho
50 g de camarão grande sem a casca, cozido e seco com papel-toalha
50 g de presunto cozido, cortado em tiras finas
150 g de tofu firme, escorrido e cortado em fatias finas
50 g de folhinhas tenras de espinafre, cortadas em tiras bem finas
sal e pimenta-do-reino

1 Em uma panela grande, leve o caldo de galinha ao fogo até ferver. Junte a ervilha e o milho verde e cozinhe em fogo brando por 3 minutos. Acrescente o frango, o *shiitake*, o molho de soja e o saquê. Mexa bem e cozinhe por mais 3 minutos.

2 Misture o amido de milho com um pouco de água fria até formar uma pasta e junte à panela. Cozinhe, mexendo sempre, por 1 a 2 minutos, ou até a sopa engrossar.

3 Abaixe o fogo e junte o camarão, o presunto, o tofu e o espinafre. Cozinhe por mais 2 minutos, ou até que o espinafre tenha murchado, mexendo uma ou duas vezes. Cuidado para não quebrar o tofu ao mexer a sopa. Acrescente sal e pimenta-do-reino, se necessário, e mais molho de soja, se desejar. Sirva bem quente.

sopa de soba com frango marinado

rendimento **4-6 porções**
tempo de preparo **30 min**
(mais o tempo para marinar)
tempo de cozimento **20-25 min**

300 g de filé de frango
1 colher (chá) de cúrcuma em pó
2 colheres (chá) de sal
2 talos de erva-cidreira
3 colheres (sopa) de amendoim torrado e sem pele
3 colheres (sopa) de arroz agulhinha branco
2 colheres (sopa) de óleo
1 cebola picada
3 dentes de alho amassados
um pedaço de 5 cm de gengibre fresco descascado e picadinho
1/4 colher (chá) de páprica
2 pimentas-malagueta frescas picadinhas
2 a 3 colheres (sopa) de *nam pla* (molho de peixe)
900 mL de água
250 g de *soba* (macarrão oriental de trigo-sarraceno)

para servir
3 ovos cozidos cortados ao meio
3 ramos de cebolinha bem picada
2 colheres (sopa) de folhas de coentro fresco picadas
molho de peixe (*nam pla*)
pimenta calabresa
1 a 2 colheres (sopa) de *balachaung* (opcional)

1 Corte o frango em cubos de 2,5 cm. Misture a cúrcuma com o sal e esfregue o frango com esse tempero. Tampe e deixe tomar gosto por 30 minutos.

2 Amasse os talos de erva-cidreira para liberar seu sabor. Pique o amendoim no processador de alimentos ou usando um pilãozinho até obter um pó grosso. Aqueça uma frigideira seca e toste o arroz até ficar dourado. Depois, pulverize usando um processador de alimentos ou moedor.

3 Aqueça o óleo numa panela grande, junte a cebola e refogue até amolecer. Acrescente o frango, a erva-cidreira, o alho, o gengibre, a páprica e a pimenta fresca. Adicione o molho de peixe e a água e espere ferver.

4 Abaixe o fogo para o mínimo. Junte o amendoim e o arroz moídos à panela. Cozinhe por 10 a 15 minutos, ou até que o frango esteja cozido e o caldo tenha engrossado um pouco.

5 Enquanto isso, ferva água numa outra panela. Junte o macarrão e cozinhe por 3 a 4 minutos, ou até que esteja no ponto. Escorra e enxágue em água fria, então coloque em tigelas de sopa grandes.

6 Despeje um pouco do caldo por cima do macarrão e sirva, guarnecido com o ovo cozido, a cebolinha e o coentro picados. Tempere a gosto com algumas gotas de molho de peixe, uma pitada de pimenta calabresa e o *balachaung*, se desejar. Ao servir, disponha colher e garfo.

dica *Balachaung* é um condimento birmanês picante à base de chalota, alho, pimenta e camarão fritos. Procure em lojas de produtos orientais, ou substitua por chalotas fritas.

índice remissivo

créditos

Editora Executiva: Nicky Hill
Editora Sênior: Rachel Lawrence
Editora Executiva de Arte: Leigh Jones
Design: Tony Truscott
Pesquisa Iconográfica Luzia Strohmayer
Controle de produção: Manjit Sihra

Octopus Publishing Group Limited /Frank Adam 8, 110 /Stephen Conroy 100–101, 109 /David Loftus 93 /Jeremy Hopley 39 /David Jordan 73 /Sandra Lane 28, 54, 51–52, 57 /William Lingwood 21 /David Loftus 2, 22, 50, 69, 94, 97, 99, 118, 125 /Diana Miller 35, 66, 90, 107, 115 /Peter Myers 7, 11, 17, 62 /Sean Myers 32–33, 41, 83, 89 /William Reavell 24, 43, 45, 82, 85, 111, 113, 119 /Simon Smith 47, 59 /Ian Wallace 3, 4, 15, 25, 27, 31, 37, 60, 67, 71, 76, 78, 81, 87, 103, 106, 117, 123 /Philip Webb 1, 12–13, 19, 49, 65, 75, 105, 121.